作って楽しい!

園行事の製作アイデア BOOK

チャイルド本社

作って楽しい!
園行事の製作アイデア BOOK

もくじ

 春

🎏 **こどもの日**
こいのぼり大集合 …… 4

🎁 **サンクスデー**
ありがとうのギフト …… 14

⌚ **時の記念日**
腕時計コレクション …… 20

 **夏**

🎋 **七夕**
七夕飾りた〜くさん …… 24

🏮 **夏祭り**
うきうき夏祭りグッズ …… 30

👴👵 **敬老の日**
敬老の日の贈り物 …… 34

 秋

運動会
子どもと作る 入退場門 …… 38

いもほり
おいも大収穫 …… 42

作品展
作品展 技法・アイデア集 …… 46

 冬

クリスマス
ハッピークリスマス飾り …… 54

お正月
わくわくお正月遊び …… 60

節分
おにのお面大公開 …… 64

ひなまつり
おひなさま大集合 …… 72

型紙 …… 80

こどもの日

クレヨン描き&切り紙で迫力満点こいのぼり

切り抜いた所からカラフルな模様が見えます。
案・製作●尾田芳子

材料　コピー用紙、折り紙、画用紙、色画用紙、ラシャ紙、段ボール板、ロープ

作り方
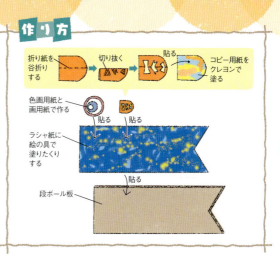

カラフル手形の仲よしこいのぼり

手形の輪郭線の中にクレヨンで自由に模様を描き、絵の具を塗ってうろこにします。
案・製作●山下味希恵

材料　色画用紙、金色の紙、カラーポリ袋、ビニールテープ、エアーパッキング、綿ロープ（太め、細め）

作り方
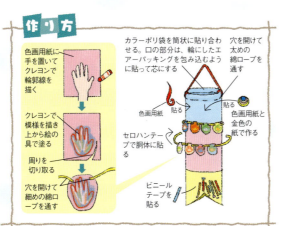

年齢別 個人製作

5歳児

案・製作●代々木公園アートスタジオ、あかまあきこ、くるみれな

果物ネットでスタンプ

材料 画用紙、果物用のネット、色画用紙、新聞紙

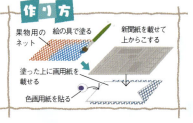

作り方：果物用のネット／絵の具で塗る／新聞紙を載せて上からこする／塗った上に画用紙を載せる／色画用紙を貼る

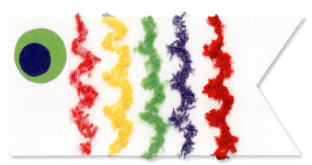

毛糸パラパラこいのぼり

材料 画用紙、毛糸、色画用紙

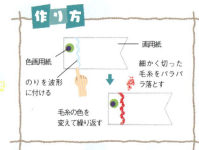

作り方：色画用紙／画用紙／のりを波形に付ける／細かく切った毛糸をパラパラ落とす／毛糸の色を変えて繰り返す

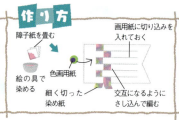

染め紙を編み込んで

材料 画用紙、障子紙、色画用紙

作り方：障子紙を畳む／絵の具で染める／色画用紙／画用紙に切り込みを入れておく／細く切った染め紙／交互になるようにさし込んで編む

葉っぱのスタンプ

材料 画用紙、葉、新聞紙、色画用紙

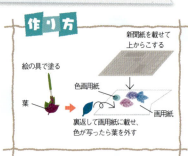

作り方：絵の具で塗る／葉／新聞紙を載せて上からこする／色画用紙／画用紙／裏返して画用紙に載せ、色が写ったら葉を外す

銀色折り紙のアレンジうろこ

材料 画用紙、銀色の折り紙

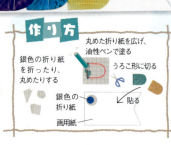

作り方：銀色の折り紙を折ったり、丸めたりする／丸めた折り紙を広げ、油性ペンで塗る／うろこ形に切る／銀色の折り紙／画用紙／貼る

クリアファイルの
カラフルうろこ

材料 クリアファイル

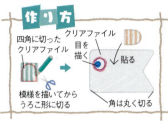

ロープでできる
ユニーク模様

材料 画用紙、ロープ、色画用紙

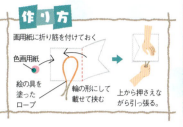

こどもの日

持ち帰りアイデア

ペットボトルラベルのヒラヒラうろこ

材料 プラスチックのコップ、ペットボトルのラベル、丸シール、ストロー、金色のテープ、ひも

空き箱の
切りこみうろこ

材料 空き箱、色画用紙、画用紙、リボン

4歳児

案・製作●俵 裕子、町田里美

クレヨンの ぼかし絵 こいのぼり

材料　色画用紙

クレヨンで模様を描いた上から白いクレヨンでぐるぐる描きする

クレヨンの はじき絵

材料　画用紙

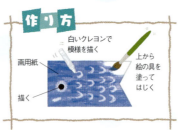
白いクレヨンで模様を描く
上から絵の具を塗ってはじく

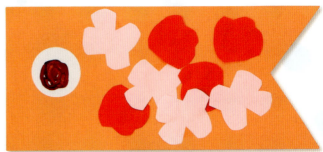

切り紙の 組み合わせ

材料　色画用紙、折り紙、丸シール

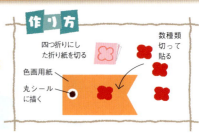
四つ折りにした折り紙を切る
数種類切って貼る
丸シールに描く

牛乳パックを ぬらして にじみ絵

材料　牛乳パック

牛乳パックの一面を切り取る
印刷面をはがして、水でぬらす
クレヨンで描く
絵の具を塗ってにじませる
尾の形に切り取る

片段ボールの スタンプ

材料　色画用紙、片段ボール、丸シール

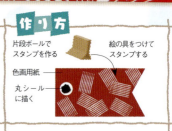
片段ボールでスタンプを作る
絵の具をつけてスタンプする
丸シールに描く

こどもの日

封筒に切り込みの窓

材料 茶封筒、折り紙、丸シール

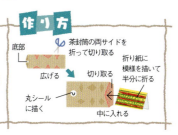

コーヒーフィルターのにじみ絵

材料 色画用紙、コーヒーフィルター

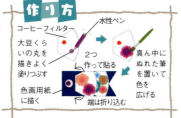

持ち帰りアイデア

毛糸のぐるぐる巻き

材料 トイレットペーパーの芯、毛糸、色画用紙、ひも、割り箸、カラー工作用紙、丸シール

紙皿ではじき絵こいのぼり

材料 紙皿、折り紙、ひも、クラフト紙、金色の折り紙、丸シール

3歳児

案・製作●くまがいゆか、あかまあきこ、くるみれな

スイスイ♪

スポンジスタンプ

材料 画用紙、スポンジ

折り紙の貼り合わせ

材料 折り紙

お花形パンチと指スタンプ

材料 画用紙

消しゴムスタンプ

材料 画用紙、消しゴム、液体せっけん

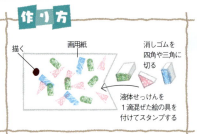

片段ボールにクレヨン

材料 片段ボール、画用紙

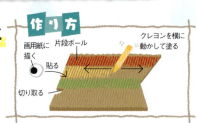

こどもの日

縦と横の点つなぎ

材料 画用紙、色画用紙

作り方
画用紙に保育者が点を描いておく → 子どもが自由に線でつなげる
色画用紙を貼る／描く

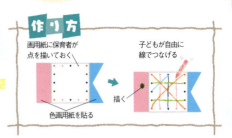

発泡トレーに引っかき模様

材料 色画用紙、発泡トレー、つまようじ

作り方
発泡トレー／つまようじで引っかく／描く／クレヨンで塗る／色画用紙に貼る

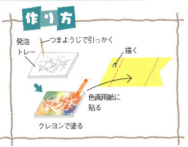

持ち帰りアイデア

ドーム形ペアのこいのぼり

材料 色画用紙、両面折り紙、画用紙、リボン

作り方
色画用紙／画用紙と色画用紙を貼る／カールさせた両面折り紙を貼る／はさみで切り取る／描く／ドーム形に曲げて貼る／もう1つ作る／裏からリボンを貼る

紙コップにキラキラちぎり貼り

材料 紙コップ、キラキラした折り紙、色画用紙、紙バッグの取っ手、割り箸、金色の丸シール

作り方
金色の丸シールを貼り合わせる／紙コップ／描く／貼る／割り箸／紙バッグの取っ手／キラキラした折り紙をちぎって貼る／色画用紙を底に貼る

かばん風に持ち運べる！

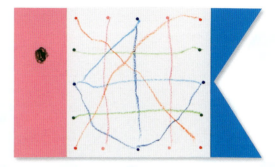

2〜1歳児

案・製作 ● あかまあきこ、たけうちちひろ、町田里美

クレヨンの ぐるぐる描き

材料 色画用紙、丸シール

作り方: 色画用紙にクレヨンで模様を描く → 半分に折る → 色画用紙を挟む → 丸シールを貼る → 貼り合わせる

霧吹きの にじみ絵

材料 画用紙、霧吹き、色画用紙

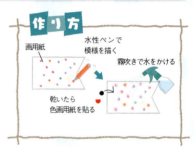

作り方: 画用紙に水性ペンで模様を描く → 霧吹きで水をかける → 乾いたら色画用紙を貼る

ペタペタ ビニールテープ

材料 色画用紙、ビニールテープ、丸シール

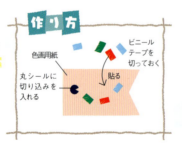

作り方: ビニールテープを切っておく → 色画用紙に貼る → 丸シールに切り込みを入れる

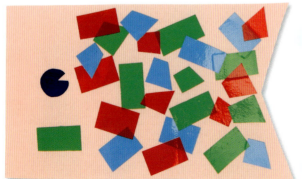

わーい！

たんぽの トントン模様と 手形スタンプ

材料 色画用紙、画用紙、綿、ガーゼ

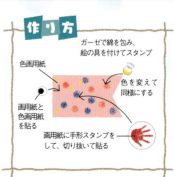

作り方: ガーゼで綿を包み、絵の具を付けてスタンプ → 色を変えて同様にする → 画用紙と色画用紙を貼る → 画用紙に手形スタンプをして、切り抜いて貼る

こどもの日

デカルコマニー & エアーパッキング

材料 画用紙、段ボール板、エアーパッキング、色画用紙

作り方
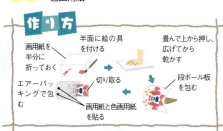
- 画用紙を半分に折っておく
- 半面に絵の具を付ける
- 畳んで上から押し、広げてから乾かす
- 切り取る
- 段ボール板を包む
- エアーパッキングで包む
- 画用紙と色画用紙を貼る

持ち帰りアイデア

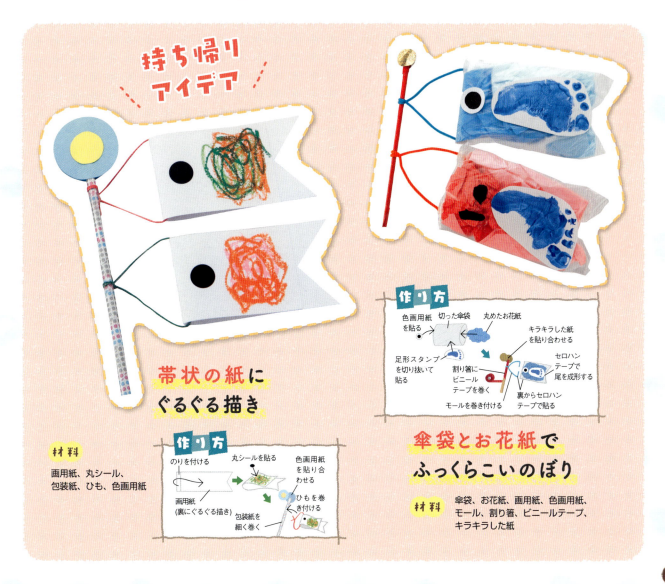

帯状の紙にぐるぐる描き

材料 画用紙、丸シール、包装紙、ひも、色画用紙

作り方
- のりを付ける
- 丸シールを貼る
- 色画用紙を貼り合わせる
- 画用紙（裏にぐるぐる描き）
- 包装紙を細く巻く
- ひもを巻き付ける

傘袋とお花紙でふっくらこいのぼり

材料 傘袋、お花紙、画用紙、色画用紙、モール、割り箸、ビニールテープ、キラキラした紙

作り方
- 色画用紙を貼る
- 切った傘袋
- 丸めたお花紙
- キラキラした紙を貼り合わせる
- 足形スタンプを切り抜いて貼る
- 割り箸にビニールテープを巻く
- モールを巻き付ける
- セロハンテープで尾を成形する
- 裏からセロハンテープで貼る

ありがとうのギフト

サンクスデー THANKS DAY

「大好き」「ありがとう」の思いを伝えよう

大好きなおうちの方に、感謝の気持ちを込めてプレゼントを作りましょう。
心を込めた贈り物に、心があたたまります。

撮影●林 均、広瀬壮太郎（office北北西）　作り方イラスト●おおしだいちこ、河合美穂、みつき

牛乳パックのドール型小物入れ　5歳児

牛乳パックの形を生かした小物入れ。
折り紙や包装紙を貼って作ります。

案・製作●やのちひろ

材料　牛乳パック、色画用紙、折り紙、包装紙、リボン

開けると……

作り方

- 牛乳パックを切り取る
- 色画用紙を貼る
- 注ぎ口はセロハンテープで留める
- ちぎった折り紙を貼る
- セロハンテープで留める
- 描く
- リボンを貼って取っ手を作る
- 包装紙を貼る
- 折り紙　貼る
- 色画用紙に書く　貼る

カーネーションモチーフのペン立て　5歳児

牛乳パックを使ったペン立てです。
仕切り付きで実用性もバッチリ！

案・製作●藤沢しのぶ

材料　牛乳パック、厚紙、染め紙（障子紙と絵の具で製作）、片段ボール、割りピン、クレープ紙、モール、リボン

作り方

- 牛乳パックを切る
- 厚紙
- 切り込みを入れて切り込み同士を重ねて仕切りを作る
- 片段ボール
- 割りピンで留める
- 入れる
- 障子紙を畳む
- 水で溶いた絵の具につけて染めて乾かす
- 染め紙を貼る
- クレープ紙　貼る
- 先端を曲げたモールを貼る
- リボンを貼る

3歳児
紙皿のゆらゆらフレーム
中心に似顔絵をつるすように飾ると、ゆらゆら揺れてかわいい！
案・製作●やのちひろ

材料 紙皿、折り紙、色画用紙、画用紙、モール、リボン

サンクスデー

4歳児
ビーズのおしゃれフレーム
ビーズを通したモールをさし込んでキラキラしたかわいいフレームに！
案・製作●やのちひろ

材料 段ボール板、色画用紙、モール、ビーズ、画用紙

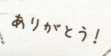
ありがとう！

4歳児
フェルトのあったかフレーム
ぬくもりのあるフレームでもらった人の心も温まります。
案・製作●ユカリンゴ

材料 段ボール板、シールタイプのフェルト、画用紙、リボン

作り方

ビーズのおしゃれフレーム
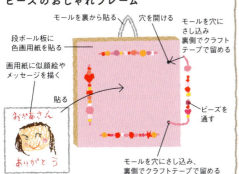

紙皿のゆらゆらフレーム
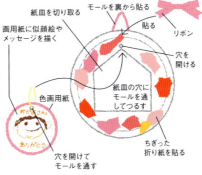

フェルトのあったかフレーム
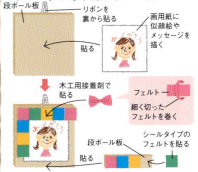

紙コップの ぶたさん貯金箱

ぶたさんがちょうネクタイでおめかし！
口の部分からお金を入れて使います。

案・製作●藤沢しのぶ

材料 紙コップ、色画用紙、ビニールテープ、丸シール、紙粘土、ラップフィルム

型紙 P80

作り方

紙コップの お花形小物入れ

模様を描いた色画用紙を紙コップに巻いて、パッチン切りした花びらを貼れば、お花形の小物入れの完成！

案・製作●すぎやままさこ

材料 紙コップ、色画用紙

型紙 P80

爽やかな青とオレンジの組み合わせで色鮮やかに

カラーアレンジ

作り方
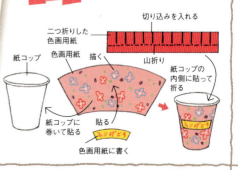

軽量紙粘土のタグ付き小物入れ

5〜4歳児

軽量紙粘土にボタンやビーズを埋め込んで。
メッセージを描いたタグを付けるとおしゃれです。

案・製作●ユカリンゴ

材料 ゼリーなどの空き容器、軽量紙粘土、ビーズやボタン、ひもやリボン、色画用紙、刺しゅう糸、木工用ニス

サンクスデー

作り方

- ゼリーなどの空き容器に軽量紙粘土を付ける
- ボタンやビーズに木工用接着剤を付け、埋め込む
- 絵の具を塗り、乾いたら木工用ニスを塗る
- リボンを巻くように木工用接着剤で貼る
- 色画用紙にメッセージを書く
- 刺しゅう糸

作り方

- アルミホイル
- 全体を包む
- 空き箱
- 包装紙
- 折り紙
- カラー工作用紙
- 貼る
- 底に貼る
- 丸シールを貼る

キラキラアルミ小物入れ

4〜3歳児

大切な物はこの中に。
おしゃれなお父さんにもぴったりなプレゼント。

案・製作●すぎやままさこ

材料 空き箱、アルミホイル、カラー工作用紙、折り紙、包装紙、丸シール

おなかに手紙が入る！

おしゃれパパのレターラック

洋服の柄に子どもたちの個性が！
壁にかけて、いつでも眺められます。

案・製作●すぎはらけいたろう

材料 色画用紙、画用紙、折り紙、紙皿、紙ひも

作り方

似顔絵レターラック

5歳児

オレンジや赤、黄色などの元気が出るカラーで！

色画用紙を折ってリボンを通すだけのレターラック。切り紙のお花や柄入り折り紙の飾りがおしゃれ！

案・製作●藤沢しのぶ

材料 色画用紙、コピー用紙、柄入り折り紙、折り紙、リボン

型紙 P81

カラーアレンジ

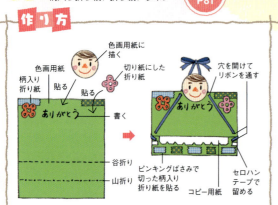

作り方

5～4歳児

メッセージ付きハンガー

毎日使うハンガーに、似顔絵とメッセージがあれば、元気100倍です！

案・製作●メイプル

材料
プラスチックハンガー、画用紙、色画用紙、図書フィルム、リボン

型紙 P81

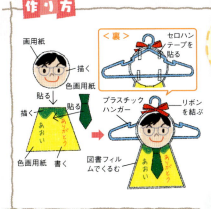

作り方

サンクスデー

着替えのたびに元気になれる！

4～3歳児

似顔絵ひし形フレーム

カラフルに彩ったフレーム。切ったり貼ったり、手作り感いっぱいの喜ばれるプレゼントです。

案・製作●RanaTura.上田有規子

材料
白い段ボール板、折り紙、マスキングテープ、色画用紙、画用紙、ひも

型紙 P81

5～4歳児

ドライブお父さんフレーム

好きな色の車をフレームにして、楽しくドライブする似顔絵をセット。

案・製作●RanaTura.上田有規子

材料
白い段ボール板、折り紙、色画用紙、画用紙、ひも

型紙 P81

作り方

似顔絵ひし形フレーム

ドライブお父さんフレーム

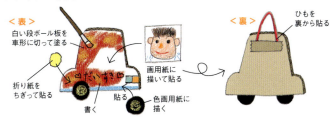

腕時計コレクション

時の記念日

ぼくだけ、わたしだけのドキドキアイテム

子どもたちの憧れ腕時計。
身近な素材で作って楽しみ、時間に親しみましょう。

撮影●林 均　作り方イラスト●おおしだいちこ、河合美穂

空き箱ロボットの腕時計

今にもしゃべり出しそうな表情が、愛きょうたっぷりなロボット形の腕時計。

案・製作●宮本えつよし

材料 空き箱、色画用紙、画用紙、丸シール、ストロー、ペットボトルの蓋、モール、輪ゴム

動くよ！

右のキャップを回すと、アンテナも動くしかけです。

作り方

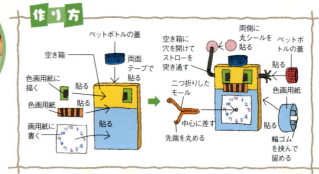

空き箱の一体型腕時計

文字盤とベルトが一体型なので、土台は空き箱1つでシンプル！

案・製作●くるみれな

材料 空き箱、色画用紙、丸シール、モール、輪ゴム

作り方

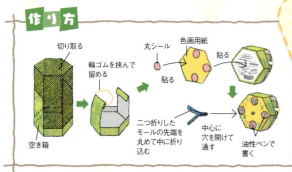

バリエーション

四角や丸い空き箱でもできます。

5〜3歳児
ペーパー芯の ぴかぴか腕時計

ペーパー芯を切り開けば、
子どもの腕にちょうどよい大きさに。
キラキラに飾って、かっこよさもアップ！

案・製作●くるみれな

材料 トイレットペーパーの芯、色画用紙、キラキラした折り紙、キラキラしたテープ、丸シール

へーんしん！

時の記念日

作り方

5〜4歳児
ペーパー芯の きらめき腕時計

アルミホイルやスパンコールで、
光り輝くおしゃれな雰囲気に。

案・製作●尾田芳子

型紙 P82

ベルトにスパンコールを貼って、キラキラ感アップ！

材料 トイレットペーパーの芯、アルミホイル、フェルト、スパンコール、面ファスナー、コピー用紙

作り方
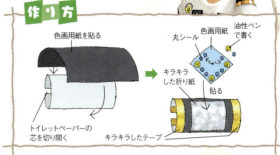

5〜4歳児
ペーパー芯の アクセサリー風腕時計

カラフルな布やレースリボンでペーパー芯を飾った、
ラブリーな腕時計です。

案・製作●尾田芳子

型紙 P82

材料 トイレットペーパーの芯、布、レースリボン、色画用紙、丸シール

作り方
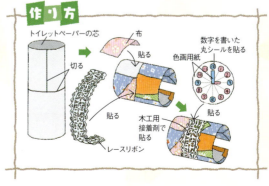

5〜4歳児

紙コップの ねこ形腕時計

耳と表情を加えれば、キュートなねこ形腕時計に。

案・製作●尾田芳子

材料 カラー紙コップ、モール、輪ゴム、コピー用紙

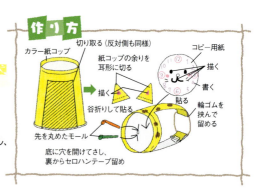

5〜4歳児

紙コップ&ストローのカラフル腕時計

目覚まし時計のような形をした腕時計。ストローのカラフルな色づかいが楽しい！

案・製作●宮本えつよし

材料 カラー紙コップ、ストロー、画用紙、割りピン、輪ゴム、

型紙 P82

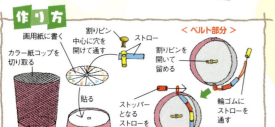

文字盤にラインを入れることで、子どもが数字を書きやすくなります。

5歳児

クリアファイルの カードチェンジウォッチ

カードが入れ替えられて、蓋も開閉できるかっこいい腕時計！

案・製作●やのちひろ

材料 クリアファイル、色画用紙、割りピン、カラー工作用紙、トイレットペーパーの芯、シール、ビニールテープ

型紙 P82

蓋を閉めてもグッド！

カードをチェンジ

5〜4歳児
コースターのフラワー腕時計

文字盤もおしゃれに飾れば、アクセサリーのような腕時計のできあがり!

案・製作●くるみれな

型紙 P82

材料 紙コースター、色画用紙、紙テープ、片段ボール、輪ゴム

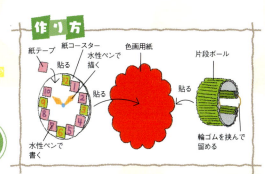

時の記念日

5歳児
ビーズのにぎやか腕時計

針と文字盤の間でビーズが踊り出す!

案・製作●やのちひろ

材料 プラスチックコップ、カラー紙コップ、ビーズ、割りピン、色画用紙、カラー工作用紙、丸シール、輪ゴム

ビーズがシャカシャカ動くよ!

型紙 P82

5〜4歳児
ビー玉の針ぐるぐる腕時計

腕を動かすと、針もグルグル動く!

案・製作●宮本えつよし

材料 チーズの空き箱、色画用紙、ストロー、ビー玉、トイレットペーパーの芯

動くビー玉にストローが押されていっしょに回るしくみになっています。

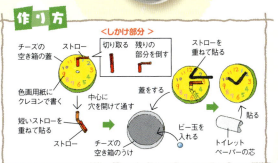

動いた!

七夕飾りた〜くさん

笹を華やかに飾って楽しもう！

七夕 TANABATA

織姫と彦星が年に一度だけ会える七夕。
すてきな飾りや、願い事を書いた短冊を飾り付けしましょう。

撮影●林均　作り方イラスト●河合美穂

織姫＆彦星

折り紙羽衣の織姫＆彦星　4歳児

半円に折った折り紙を重ねて、羽衣を作ります。
案・製作●すぎやままさこ

短冊：
ばすのうんてんしゅさんになれますように　こうた
かけっこがはやくなれるといいな　みさき

材料
折り紙、色画用紙、ひも

型紙 P83

カラフル卵パックの織姫＆彦星　5歳児

卵パックに好きな色のお花紙をぎゅぎゅっと詰めた、ユニークな飾りです。
案・製作●あかまあきこ

材料
卵パック、お花紙、画用紙、ひも

くるりんカールの織姫＆彦星　5歳児

くるりとカールした紙テープが、軽やかな織姫と彦星です。
案・製作●町田里美

材料
紙テープ、色画用紙、画用紙、ひも、鉛筆

作り方

カラフル卵パックの織姫＆彦星

- 画用紙に顔を描いて貼る
- ひもを付ける
- 切った卵パック
- 丸めたお花紙
- 閉じて留める
- 入れる
- セロハンテープ

くるりんカールの織姫＆彦星

- 筒状にした画用紙
- 貼る
- 鉛筆で先端を巻いてカールさせる
- 貼る
- 紙テープ
- ひもを付ける
- 色画用紙に描く
- 貼る

折り紙羽衣の織姫＆彦星

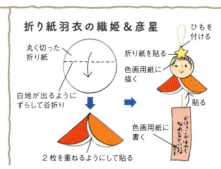

- 丸く切った折り紙
- 白地が出るようにずらして谷折り
- 2枚を重ねるようにして貼る
- ひもを付ける
- 折り紙を貼る
- 色画用紙に描く
- 色画用紙に書く
- 貼る

4歳児

ひらひらスズランテープの
織姫＆彦星

左右から飛び出した
スズランテープがポイント！
着物の柄は自由に描きましょう。

案・製作●あかまあきこ

材料 スズランテープ、折り紙、画用紙、ひも、色画用紙

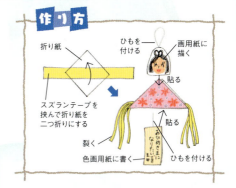

七夕

3歳児

折り紙の
ゆらゆら織姫＆彦星

千代紙の帯がアクセント。
3歳児でも取り組みやすい作品です。

案・製作●すぎやままさこ

材料 折り紙、千代紙、ひも

3歳児

カラーポリ袋の
キャンディー形織姫＆彦星

キャンディー形の体がかわいい！
顔を貼ったらできあがり。

案・製作●あかまあきこ

材料 カラーポリ袋、モール、色画用紙、ひも、画用紙

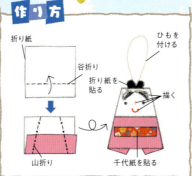

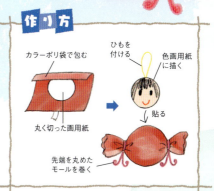

伝統的な飾りをアレンジ

5歳児
切り紙のきらめき飾り

切り紙と折り紙の色の組み合わせに、子どもたちの個性が光ります。
案・製作●アトリエ自遊楽校 渡辺リカ

材料 折り紙、ひも

作り方

4歳児
魚のひし形つなぎ飾り

切り抜いたひし形に、尾を付けたらかわいい魚に！
案・製作●あかまあきこ

材料 両面折り紙、ひも

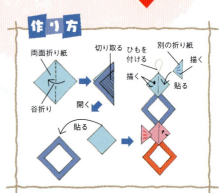
作り方

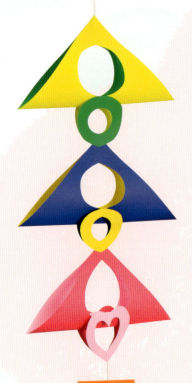

5歳児
カラフル変わり三角飾り

少し複雑な作りが、5歳児ならではの短冊飾りです。
案・製作●アトリエ自遊楽校 渡辺リカ

材料 両面折り紙、色画用紙、画用紙、ひも

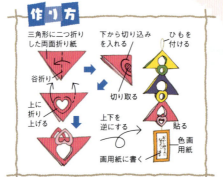
作り方

七夕

4歳児
輪つなぎ
くらげ飾り

輪つなぎをくらげの足に見立てました。
ゆらゆら揺れると楽しさいっぱい！

案・製作●あかまあきこ

材料 画用紙、折り紙、ひも

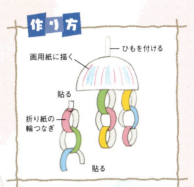

作り方
- 画用紙に描く
- ひもを付ける
- 貼る
- 折り紙の輪つなぎ
- 貼る

じてんしゃがほしいですりの

3歳児
障子紙のおしゃれ
にじみ飾り

にじませた障子紙がきれい！
濃い色の台紙に貼ると、
おしゃれな印象に。

案・製作●尾田芳子

材料 障子紙、色画用紙、ひも

型紙 P83

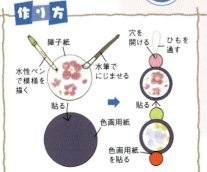

作り方
- 障子紙
- 水性ペンで模様を描く
- 水筆でにじませる
- 穴を開ける
- ひもを通す
- 貼る
- 色画用紙
- 貼る
- 色画用紙を貼る

3歳児
簡単折り紙
短冊

折り紙を谷折りして、紙テープに
貼るだけで、こんなにすてきな飾りに！

案・製作●すぎやままさこ

材料 両面折り紙、千代紙、色画用紙、ひも、紙テープ

作り方
- 千代紙や両面折り紙
- 谷折り
- 貼る
- ひもを付ける
- 紙テープ
- 色画用紙に書く
- 貼る

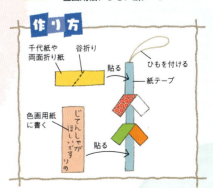

星飾り

虹色 キラキラスター　5歳児

虹色の障子紙が色鮮やか！
パッと目を引く七夕飾りです。

案・製作●尾田芳子

材料 障子紙、カラー工作用紙、ひも、霧吹き

型紙 P83

切り込み 流れ星飾り　3歳児

切り込みで、
流れる星の軌跡を表現。
いろいろな色で、
たくさん作りたくなりますね。

案・製作●アトリエ自遊楽校 渡辺リカ

材料 両面折り紙、紙テープ、ひも、色画用紙

型紙 P83

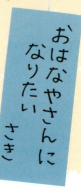

おはなやさんになりたい　さき

4連リングのお星様　4歳児

大きさ違いの輪をつなげて。
大きな星は、折り目を付けて
立体的にします。

案・製作●すぎやままさこ

材料 色画用紙、お花紙、千代紙、ひも

型紙 P83

アラカルト

プチプチ魚のつなぎ飾り **5歳児**

色を塗ったエアーパッキングの透明感が夏らしい！
魚の模様は、スタンプで表現します。

案・製作●すぎやままさこ

材料 色画用紙、ペットボトルの蓋、エアーパッキング、ひも

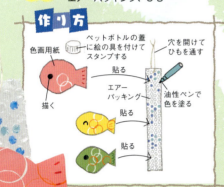

びゅんびゅんロケット **4歳児**

折り紙に自画像を描いて、オリジナルのロケットに。

案・製作●すぎやままさこ

型紙 P83

材料 折り紙、色画用紙、ひも

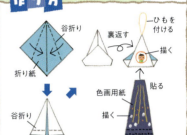

七夕

スズランテープのたこさん **3歳児**

スズランテープの足が軽やか！
吸盤は丸シールを貼って表現します。

案・製作●すぎやままさこ

材料 スズランテープ、丸シール、色画用紙、ひも

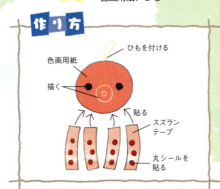

夏祭り NATSUMATSURI

夏の思い出を作って楽しもう
うきうき夏祭りグッズ

夏の定番、うちわや選んで作れる夜店のアイテムで、夏祭りを盛り上げましょう。

撮影●林 均　作り方イラスト●おおしだいちこ、河合美穂

うちわ

4～3歳児
れんこんスタンプと指描き花火のうちわ

指を使うと、絵の具の感触を味わいながら、筆とは違う描き味が楽しめます。

案・製作●尾田芳子

材料 れんこん、色画用紙、割り箸

4～3歳児
ステンシルのカラフルうちわ

型紙を使ってたんぽでステンシル。淡い色を重ねて鮮やかな作品に。

案・製作●浦田利江

材料 厚紙（型紙用）、画用紙、ガーゼ、綿、割り箸

型紙 P83

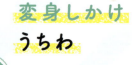
Point!
目のしかけを上に引いてから、パンダの耳を前に返します。

パンダになった！
裏のしかけをひっぱると…

5歳児
変身しかけうちわ

にっこり笑顔の正体は？しかけを引っ張ると、黒と白の人気者に大変身です。

案・製作●浦田利江

材料 カラー工作用紙、色画用紙、画用紙、割り箸

型紙 P84

作り方

ステンシルのカラフルうちわ
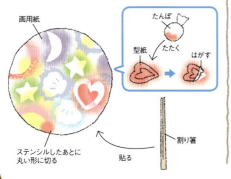

れんこんスタンプと指描き花火のうちわ
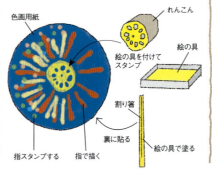

変身しかけうちわ
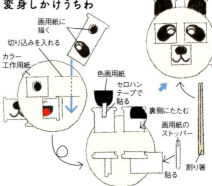

4〜3歳児
エアーパッキングの手招きおばけうちわ

あおぐとエアーパッキングの手が、「いっしょに遊ぼう！」って手招きしますよ。
案・製作●すぎやままさこ

材料 画用紙、エアーパッキング、割り箸

Point!
あおぐと揺れるように、根元だけをうちわに貼ります。

夏祭り

5〜4歳児
スズランテープのフラワーうちわ

あおぐとシャカシャカ鳴る音で、気分も涼しくなります。
案・製作●浦田利江

材料 カラー工作用紙、スズランテープ、割り箸

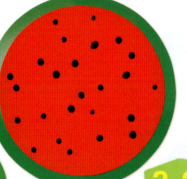

3〜2歳児
指スタンプのすいかうちわ

まーるいすいかを裏返すと、赤くておいしそうな断面が。
案・製作●すぎやままさこ

材料 カラー工作用紙、色画用紙、割り箸

3歳児
コロコロスタンプのうちわ

この素材はどんな模様になるかな？子どもが自由に素材を見つけても楽しい！
案・製作●尾田芳子

材料 画用紙、ラップフィルムの芯、エアーパッキング、モール、割り箸、ビニールテープ

Point!
指スタンプなので2歳児から楽しく製作できます！

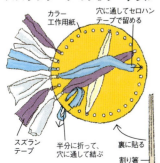
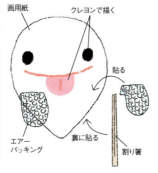
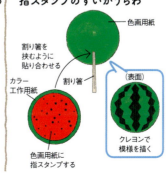
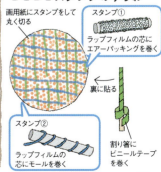

夜店アイテム

4〜3歳児

大ぶりパーツのネックレス

大きなパーツが注目の的！
好きな模様を描いて、個性的に。

案・製作●くるみれな

材料 軽量紙粘土、ストロー、綿ロープ（細めのリボンでも）、マスキングテープ、ペットボトル

5〜4歳児

立体ホイルのペンダント＆ブローチ

中心で光るモチーフがおしゃれ度大！
パーツを選んで、ペンダントかブローチが作れます。

案・製作●イシグロフミカ

材料 お弁当用カップ、アルミホイル、ビーズ、リボン、カラー工作用紙、安全ピン、

5歳児
ポンポンペタペタ 変身めがね

たんぽしためがねフレームと、好みのパーツをチョイス！
組み合わせを楽しみましょう。

案・製作●くるみれな

型紙 P84

材料 色画用紙、カラー工作用紙、たんぽ（割り箸、綿、ガーゼ、輪ゴムで作る）

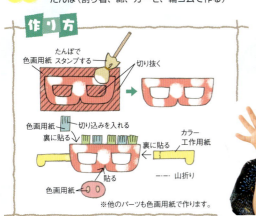

夏祭り

5〜3歳児
カラフルレンズ めがね

カラーセロハンのレンズで
世界がなに色に見えるかな？

案・製作●イシグロフミカ

材料 カラー工作用紙、カラーセロハン、色画用紙、輪ゴム

型紙 P84

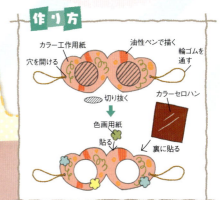

敬老の日の贈り物

\おじいちゃん、おばあちゃんの笑顔が浮かぶ/

敬老の日
KEIROU NO HI

大好きなおじいちゃん、おばあちゃんに、心を込めてプレゼントを作りましょう。
写真や絵やメッセージを添えれば、気持ちがもっと伝わります。

撮影●林均　作り方イラスト●河合美穂、みつき

ハートのだいすきフレーム

4～3歳児

ハート形の台紙に、
おじいちゃんとおばあちゃんの似顔絵を貼って。
ほっこり優しい気持ちになります。

案・製作● RanaTura. 上田有規子

型紙 P85

材料 段ボール板、色画用紙、リボン

自画像と組み合わせても

もこもこスクエアフレーム

5～4歳児

段ボール板のフレームに毛糸をぐるぐる巻き付けて作ります。
ポイントにボンテンを貼るとおしゃれ。

案・製作● RanaTura. 上田有規子

型紙 P85

材料 段ボール板、毛糸、ボンテン、画用紙

作り方

ハートのだいすきフレーム
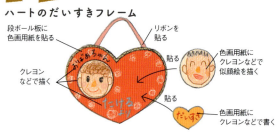

もこもこスクエアフレーム
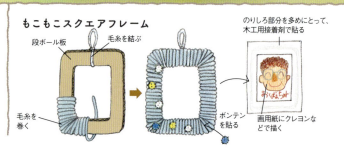

2~1歳児
手形の小鳥フォトフレーム

手形を羽根に見立てた小鳥さん。
色画用紙の重ね貼りで立体的な羽根に！

案・製作●山口みつ子

材料
色画用紙、カラー工作紙、段ボール板、子どもの写真

型紙 P85

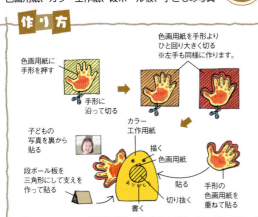

Point!

手形に合わせて切った色画用紙を重ねて貼り、立体的に。同系色だと、作品にまとまりが出ます。

敬老の日

4~3歳児
似顔絵＆手形のレターボックス

子どもたちの手形を生かしたレターボックスは、たっぷり収納できます。

案・製作● RanaTura. 上田有規子

材料
空き箱、段ボール板、色画用紙、画用紙、リボン

空き箱の部分に手紙を入れられます

似顔絵眼鏡スタンド

5歳児

牛乳パックを顔に見立てて、紙粘土の鼻と耳をつけました。

案・製作●すぎはらけいたろう

材料
牛乳パック、クラフト紙、軽量紙粘土、毛糸、画用紙

作り方

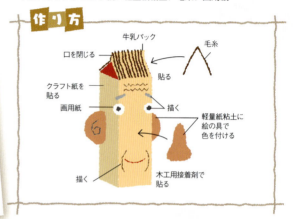

- 口を閉じる
- 牛乳パック
- 毛糸
- 貼る
- クラフト紙を貼る
- 画用紙
- 描く
- 軽量紙粘土に絵の具で色を付ける
- 描く
- 木工用接着剤で貼る

フラワーペンスタンド

5〜3歳児

お花モチーフのペンスタンド。写真といっしょに贈りましょう。

案・製作●スマイルワークス・神岡 学

材料
空き箱、色画用紙、カラー工作用紙

作り方

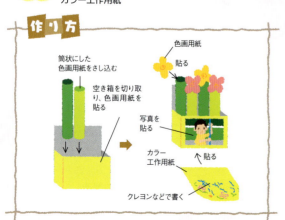

- 筒状にした色画用紙をさし込む
- 色画用紙
- 貼る
- 空き箱を切り取り、色画用紙を貼る
- 写真を貼る
- カラー工作用紙
- 貼る
- クレヨンなどで書く

筒状にした色画用紙をさし込んでいます

敬老の日

3歳児

キラキラしおり

色画用紙にキラキラした折り紙を貼り、裏側にはメッセージを。

案・製作●あかまあきこ

材料 色画用紙、キラキラした折り紙、リボン、図書フィルム

型紙 P85

図書フィルムで耐久性もバッチリ！

裏側

5～3歳児

切り紙ブックマーク

本に日記に、広く使えるブックマーク。子どもが好きな切り紙を生かせます。

案・製作●あかまあきこ

材料 両面折り紙、図書フィルム、リボン

裏側

5～3歳児

不織布＆フェルトの巾着袋

写真チャームが付いた巾着袋は不織布だから丈夫で使いやすい！

案・製作●藤沢しのぶ

材料 不織布、フェルト、リボン、折り紙、ジャンボビーズ、図書フィルム、鈴、ひも

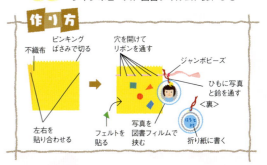

気分が盛り上がる入退場門のアイデアです。
みんなで力を合わせて楽しい運動会にしましょう。

撮影●林 均
作り方イラスト●おおしだいちこ、みつき

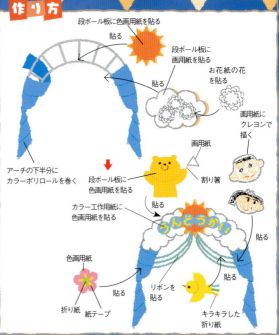

作り方

- 段ボール板に色画用紙を貼る
- 段ボール板に画用紙を貼る
- お花紙の花を貼る
- 画用紙にクレヨンで描く
- アーチの下半分にカラーポリロールを巻く
- 段ボール板に色画用紙を貼る
- 画用紙
- 割り箸
- カラー工作用紙に色画用紙を貼る
- 色画用紙
- 折り紙
- 紙テープ
- リボンを貼る
- キラキラした折り紙
- 貼る

自画像いっぱい 入退場門

子どもたちの自画像から、運動会を楽しみにしている気持ちが伝わってくる、元気いっぱいの入退場門です。

案・製作●町田里美

材料

カラーポリロール、色画用紙、画用紙、段ボール板、割り箸、お花紙、折り紙、紙テープ、キラキラした折り紙、カラー工作用紙、リボン

型紙 P86

運動会

アーチ提供●株式会社トッケン（P38〜39）

子どもたちの作品
窓型の台紙に貼った自画像や自由に描いた絵を飾りましょう。

キャッスル入退場門

たまねぎヘッドがとってもキュート！
みんなの自画像が出迎えてくれます。
自由に描いた絵で飾れば、にぎやかさアップ！

案・製作● すぎはらけいたろう

材料 段ボール箱、片段ボール、色画用紙、画用紙、新聞紙、アルミホイル、お花紙、リボン、コピー用紙、ひも、ペットボトル（2L、おもし用）

作り方

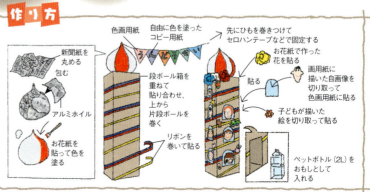

やった〜！

運動会

Point!
ペットボトルを並べて、周りに片段ボールを巻き付けます。

お菓子の入退場門

お菓子で彩られた、夢があふれる入退場門です。

案・製作●山下きみよ

型紙 P85

材料 段ボール箱、色画用紙、画用紙、紙テープ、お花紙、カラーセロハン、毛糸、折り紙、クラフト紙、段ボール板、キラキラした折り紙、ティッシュペーパー、カラー工作用紙、片段ボール、ペットボトル（500mL・2L、おもし用）

子どもたちの作品
ドーナツはクラフト紙を細く巻いて、輪にして作ります。カップケーキは、折り紙でティッシュペーパーを包んで。クッキーは段ボール板を切って。キャンディーは、カラーセロハンやキラキラした折り紙でお花紙を包んで作りましょう。

作り方
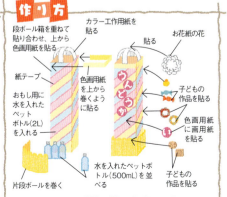

段ボール箱を重ねて貼り合わせ、上から色画用紙を貼る

カラー工作用紙を貼る

お花紙の花 貼る

紙テープ

おもし用に水を入れたペットボトル（2L）を入れる

色画用紙を上から巻くように貼る

子どもの作品を貼る

色画用紙に画用紙を貼る

片段ボールを巻く

水を入れたペットボトル（500mL）を並べる

子どもの作品を貼る

41

発見や感動を表現しよう
いもほり IMOHORI
おいも大収穫

みんなで行ったおいもほり！ おいもを見たり、色や形などが思い出せるような声かけをしたりしながら、製作を楽しみましょう。

撮影●林 均、安田仁志　作り方イラスト●おおしだいちこ、河合美穂、みつき、もり 結

5〜4歳児
たんぽのスタンピングおいも

青と赤の絵の具がおいもの色に！
個性ある作品の完成です。

案・製作●アトリエ自遊楽校 渡辺リカ

材料　画用紙、たんぽ（布、綿、輪ゴム、割り箸で作る）

3歳児
フィンガーペインティングおいも

色が混ざる過程を楽しみながら、
絵の具の感触も味わえます。

案・製作●アトリエ自遊楽校 渡辺リカ

材料　画用紙

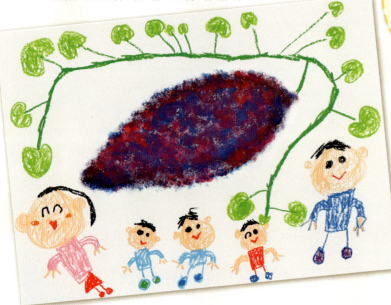

作り方

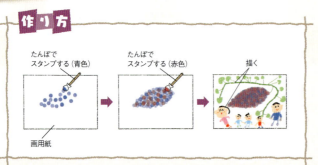

たんぽでスタンプする（青色）→ たんぽでスタンプする（赤色）→ 描く
画用紙

作り方

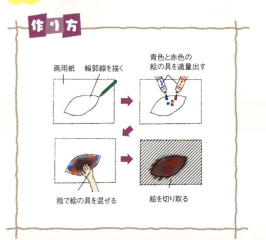

画用紙　輪郭線を描く → 青色と赤色の絵の具を適量出す → 指で絵の具を混ぜる → 絵を切り取る

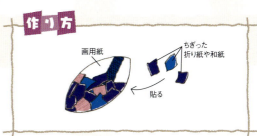

4〜3歳児

ちぎり貼りぺたぺた 平面おいも

ちぎってぺたぺた貼るだけの簡単おいも。
たくさん作って楽しめます。

案●松田美佳（京都・うりゅう保育園 園長）
製作●町田里美

材料
画用紙、折り紙、和紙

型紙 P87

作り方
画用紙 ／ ちぎった折り紙や和紙 → 貼る

いもほり

製作帳

色画用紙の下半分に手形を押して畑を作ります。どんな色だったか話しながら隙間のないように押しましょう。製作したおいもに毛糸のつると色画用紙の葉を貼り、子どもが抜いているように作ります。顔写真を貼ってできあがり！

5〜4歳児

紙粘土のでこぼこ 立体おいも

紙粘土に小石を埋め込むおもしろいおいも。
色を塗って仕上げます。

案●松田美佳（京都・うりゅう保育園 園長）
製作●町田里美

材料
段ボール板、紙粘土、小石

型紙 P87

作り方
段ボール板 ／ 紙粘土 → 貼る → 小石 → 埋め込む → 絵の具で塗る

飾り案

製作したおいもにスズランテープのつると色画用紙の葉を付け、裂いたクラフト紙を載せざるに飾ります。

毛糸くるくるおいも

潰したトイレットペーパーの芯を、おいもに見立てて。
毛糸を巻くのが楽しい!

案・製作●尾田芳子

材料
トイレットペーパーの芯、毛糸

型紙 P87

リース風の飾りに

飾り案

華やかにかわいらしくリース風にして。土台は、しわを付けた色画用紙を段ボール板に貼ります。

作り方

トイレットペーパーの芯を潰す → 角を内側に折り込む（山折り／谷折り） → クレヨンで塗る → 上下をセロハンテープで留める → 赤・紫系の毛糸2〜3色を巻き、端を裏で留める

4〜3歳児

くるんで包んで変身！おいも

青い折り紙に赤いカラーポリ袋を重ねると…
おいもの紫色になって不思議！

案・製作●尾田芳子

材料
新聞紙、折り紙、カラーポリ袋

型紙 P88

つり飾りに

飾り案

入り口や天井などからつって！にぎやかな雰囲気を演出。

作り方

新聞紙をさつまいもの形に丸める → 青い折り紙でくるむ → 赤いカラーポリ袋で包み、形を整えてセロハンテープで留める

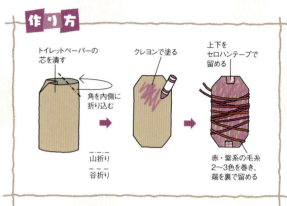

紫色に変わった！

このおいもと
もう1つのおいもは
どこが違うかな？

4〜3歳児

紙ねんどの
リアルおいも

本物のおいもを観察して作りましょう。
じっくり見たら新たな発見も！

案・製作●あかまあきこ

材料 軽量紙粘土

作り方

軽量紙粘土でおいもの形を作る

台の上で転がしたり、上から握るようにしたりすると、形が作りやすいでしょう。

軽量紙粘土が乾いてから絵の具で色を塗る

飾り案

段ボール板を山形に貼り合わせます。色画用紙を貼り、クレヨンで自由に塗ります。作ったおいもに色画用紙の茎を付けて貼り、上に色画用紙の葉を貼ります。おいも掘りのときに見た虫などを作って貼ってもおもしろいです。

いもほり

5歳児

絵の具を混ぜて
リアルおいも

1つのおいもの中にどんな色があるか観察して、絵の具を混ぜましょう。

案・製作●あかまあきこ

材料
新聞紙、障子紙

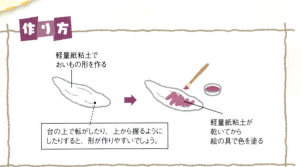

絵の具の中に
おいもの
色はあるかな？

作り方

赤、青、黄、茶など、3〜4色ぐらいをパレットに出して、少しずつ混ぜるようにします。

ちぎった障子紙

貼る

新聞紙でおいもの形を作る

障子紙ののりが乾いたら、絵の具を混色しながら塗る

似ている色だけど、
ちょっと違うね。
絵の具を混ぜておいもの
色を作ってみようか

飾り案

作ったおいもに毛糸を貼ります。段ボール箱を切り、しわを付けたクラフト紙を敷きます。段ボール板に色画用紙を貼って空を作り、上から色画用紙のおいもの葉を貼り、毛糸を貼ったおいもをつなげます。

作品展技法・アイデア集

ワクワクする作品をうきうき作れる

身近な素材で作ったり、いつもとは違う技法を使ったり！
とっておきの技法・アイデアを「ねらい」とともに紹介します。

案・製作●くまがいゆか 撮影●林均 作り方イラスト●おおしだいちこ

5歳児

ねらい 貼り絵で体の動きを表す

ねらい 大人になった自分をイメージして作る

自画像
ぼく・わたしが大人になったら

将来の夢を貼り絵とクレヨンで表現。顔や体、手足のパーツは、関節を意識しながら貼ります。

材料
折り紙、はぎれ、リボン、画用紙

型紙 P88

作り方
- 折り紙を貼る
- はぎれやリボンを貼る
- 画用紙
- 貼る
- 顔や背景を描く

バリエーション
仲よし2人組
同じポーズをとったり、まったく異なる動きだったりと、2人を思い思いのポーズに。

ねらい なぞれる物を探して楽しむ

ねらい なぞりながら物の形を意識する

なぞり描き
園生活の思い出をなぞり描き

保育室にある、子どもにとって親しみのあるおもちゃをモチーフに。思い出を振り返りながら、楽しくなぞりましょう。

材料 画用紙、色画用紙、ブロックや積み木など

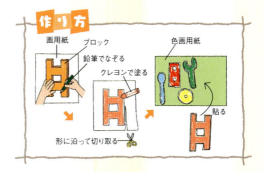

作り方：画用紙／ブロック／鉛筆でなぞる／クレヨンで塗る／形に沿って切り取る／色画用紙／貼る

ねらい 真っ白な版が、絵となって現れるおもしろさを知る

ねらい 貼った素材の質感や、形作ることを楽しむ

紙版画
いろいろ素材の紙版画の魚

画用紙だけでなく、レースペーパーや麻ひもなどを使用することで、さまざまな模様が楽しめます。

材料 画用紙、色画用紙、レースペーパー、麻ひも、片段ボール、エアーパッキング

作り方：画用紙／レースペーパーを貼る／新聞紙を敷く／エアーパッキングを貼る／片段ボール／麻ひもを貼る／ローラーで絵の具を塗る／色画用紙を重ねる／ばれんでこする／形に沿って切り、色画用紙に貼る

※試し刷りをして、版に絵の具をなじませておきましょう。

作品展

フレーム作り

ぐるぐる毛糸のフォトフレーム

5歳児

張り巡らせた毛糸に、写真や飾りを引っ掛けて。
持ち帰っても、飾れてうれしいフォトフレームです。

材料
毛糸、段ボール板、色画用紙、画用紙、
ビニールテープ、リボン、子どもの写真

作り方

段ボール板に切り込みを入れる / 毛糸を引っ掛けて巻く / 子どもの写真 リボンを裏に貼る / 毛糸に引っ掛ける / 画用紙に描いて切り取る / 色画用紙を貼る / 縁にビニールテープを貼る

ねらい
毛糸や折り紙の色を自由に選び、組み合わせる

染め

コーヒーフィルターの染め紙扇

コーヒーフィルターを畳み染め。広げてみたら、こんなおしゃれな扇に！

材料
コーヒーフィルター、厚紙、色画用紙、ひも

作り方

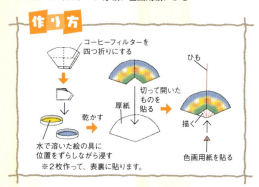

コーヒーフィルターを四つ折りにする → 水で溶いた絵の具に位置をずらしながら浸す → 乾かす → 厚紙 → 切って開いたものを貼る → 描く → 色画用紙を貼る → ひも
※2枚作って、表裏に貼ります。

ねらい
紙が色を吸うおもしろさと、規則的な模様を楽しむ

立体動物

紙袋の
おすわりアニマル

紙袋のまちを利用して、
おすわりができる動物を作ります。

材料
紙袋、クラフト紙、色画用紙、画用紙

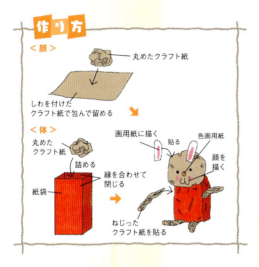
作り方

ねらい 自立する動物を作る

ねらい バランスをとりながら自立するよう足の位置を調整する

ねらい ねじって棒状にしたクラフト紙を手足に見立てる

作品展

バリエーション

4本足の自立アニマル

4本足の動物は、トイレットペーパーの芯を足にすると自立します。体のベースをしっかりさせて安定させましょう。

作り方

4歳児

自画像
墨絵の ぷっくり自画像

いつもとは違う墨の描画に、作業も仕上がりもわくわく！

材料
クラフト紙、色画用紙、綿、フェルト

型紙 P88

作り方

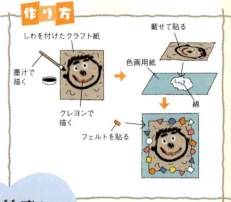

ねらい
紙の質感と墨の匂いを感じながら、新鮮な気持ちで描く

にじみ絵
じんわりカラフル 置き飾り

カラフルなにじみ絵を、牛乳パックに貼ってペン立て風の置き飾りに。

材料
障子紙、牛乳パック

作り方

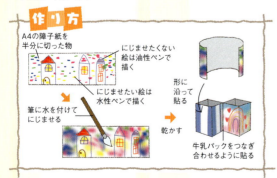

ねらい
色のにじみを楽しみながら描く

ねらい
立体物に紙を貼ることに挑戦する

布の工作

カラフル布のオーナメント

布素材を使ったオーナメント。
鈴を付けたら、音も楽しい!

材料 フェルト、リボン、はぎれ、ボタン、段ボール板、軽量紙粘土、毛糸、ひも、鈴、ストロー

ねらい 布素材ならではの感触や、あたたかみを味わいながら製作を楽しむ

バリエーション

マスキングフラッグ

木綿布にセロハンテープを貼った上からたんぽを押し、セロハンテープをはがすと、鮮やかな模様が浮かび上がります。縁を折り紙で挟んで、ほつれをカバー。

作品展

廃材の工作

廃材で作る乗り物

好きな乗り物をイメージしながら、さまざまな廃材を組み合わせて完成させましょう!

材料 段ボール板、牛乳パック、トイレットペーパーの芯、不要なペンキャップ、曲がるストロー、折り紙

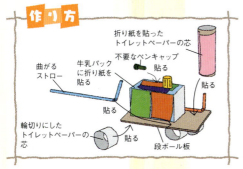

ねらい 想像力を働かせて素材を組み合わせる

3歳児

ねらい 「自分」をモチーフに製作する楽しさを味わう

ねらい 手足をリボンでユニークに作る

自画像

ぼく・わたしの封筒ドール

封筒の体とリボンの手足で、人形を作ります。飾るときは、牛乳パックの椅子に座らせて。

材料 封筒、色画用紙、リボン、ボタン、どんぐり、ティッシュペーパー、牛乳パック、折り紙

バリエーション

ポリ袋ドール

体をポリ袋にして、ベースになる色画用紙を入れたら、毛糸やお花紙、折り紙を入れてカラフルに。

作り方

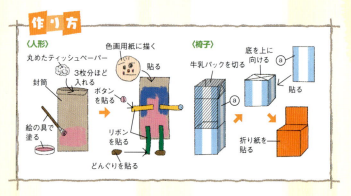

紙粘土

デコレーションが楽しい！
紙粘土スイーツ

ねらい 手のひらをたくさん使って、遊びながら製作する

ケーキなどを皿に盛りつけて、絵の具でおいしそうに着色します。

材料
軽量紙粘土、段ボール板、綿ロープ、どんぐり、ビー玉、ボタン

作り方

ねらい 絵の具のおもしろさを体感する

ねらい いろいろな野菜スタンプを押す

スタンプ

手形くん・手形ちゃん

手形がキャラクターに変身。野菜スタンプでにぎやかにしましょう。

材料
画用紙、ピーマン、チンゲンサイ、オクラ、色画用紙

作り方

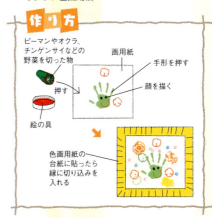

作品展

子どもも保育者も！心がはずむ

ハッピークリスマス飾り

クリスマス CHRISTMAS

ミニツリー

キラキラポンポンツリー　4〜3歳児

キラキラした折り紙をカラフルに飾ります。カールした葉がすてき！

案・製作●うえはらかずよ

紙コップのはじき絵ツリー　5〜4歳児

はじき絵をした上に、ピカピカの飾りをぐるりとまとわせたツリーです。

案・製作●山下味希恵

おしゃれな立体工作ツリー　5〜4歳児

紙粘土で作る立体的な飾り。5〜4歳児の腕の見せ所です。

案・製作●山下味希恵

材料　紙コップ、ゼリーなどの空き容器、アルミホイル、アルミカップ、まつぼっくり、粘土、割り箸

材料　色画用紙、キラキラした折り紙、牛乳パック、段ボール板

材料　段ボール板、軽量紙粘土、フェルト、色画用紙

作り方

紙コップのはじき絵ツリー

紙コップにクレヨンで描き絵の具を塗る／まつぼっくりにスプレーなどで着色して貼る／底を切り取る／アルミカップ／詰める／切る／割り箸に絵の具を塗る／粘土／差す／紙粘土に絵の具を塗る／詰める／巻いて貼る／ゼリーなどの空き容器／巻く／しわを付けたアルミホイル

キラキラポンポンツリー

色画用紙／貼る／キラキラした折り紙を丸める／切り込みを入れて鉛筆などでカールさせる／丸めて円すい形にする／絵の具を付けてスタンプする／牛乳パックの角を少し内側に折る／載せる／段ボール板／絵の具／色画用紙／巻いて貼る

おしゃれな立体工作ツリー

段ボール板の表裏に絵の具を塗る／表面に軽く切り込みを入れる／立ち上げてセロハンテープで留める／軽量紙粘土をクッキーなどの抜き型で抜き、絵の具を塗る／軽量紙粘土で作る／筒にした色画用紙／油性ペンで顔を描く／木工用接着剤で貼る／フェルト／木工用接着剤で貼る／木工用接着剤で貼る

54

クリスマスがもっともっと楽しくなる、ミニツリーやサンタのオーナメント、リースを紹介します。クリスマスが待ち遠しい！

撮影●林 均、安田仁志　作り方イラスト●速水えり

3～2歳児

お花紙のもこもこツリー

お花紙のふわふわ感が、低年齢児にぴったり！

案・製作●町田里美

材料：お花紙、カラー工作用紙、色画用紙、毛糸、ストロー、ジャンボビーズ、牛乳パック、包装紙、厚紙、クラフトテープ

型紙 P89　基本の星

4～3歳児

ペットボトルのフリンジツリー

ペットボトルからのぞくスズランテープとひらひらのフリンジがかわいい！

案・製作●山下味希恵

材料：350mLのペットボトル、スズランテープ、色画用紙、キラキラした折り紙、スパンコール、カラー工作用紙

型紙 P89　基本の星

クリスマス

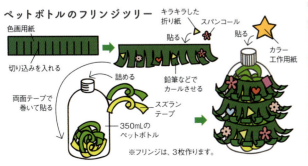
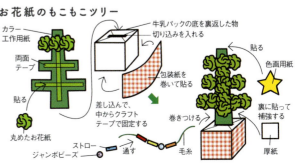

オーナメント サンタクロース

風船張り子のサンタさん
5〜4歳児

張り子で作るサンタさん。
丸い形がとってもキュート！

案・製作●町田里美

材料
風船、障子紙、お花紙、色画用紙、画用紙、毛糸、液体のり

型紙 P89

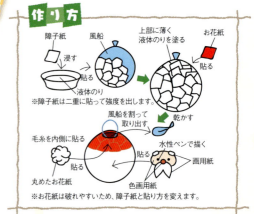

作り方
※障子紙は二重に貼って強度を出します。
※お花紙は破れやすいため、障子紙と貼り方を変えます。

ぶらぶら足のサンタさん
5〜4歳児

綿ロープでできた足が
楽しげに動きます。

案・製作●すぎやままさこ

材料
トイレットペーパーの芯、綿ロープ、色画用紙、画用紙、綿

型紙 P89

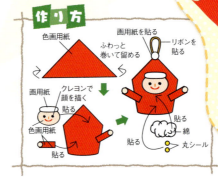

作り方

ふわっと留めて人形サンタさん
4〜3歳児

三角形の色画用紙をくるっと丸めて
ふんわりと形を作ります。

案・製作●宮地明子

材料
色画用紙、画用紙、綿、丸シール、リボン

型紙 P89

作り方

「置くとゆらゆら動くよ！」

カプセル容器の陽気なサンタさん

4～3歳児

おなかにたっぷりお花紙を詰めて星を載せれば、ご機嫌なサンタさん！

案・製作●すぎやままさこ

材料 カプセル容器、お花紙、色画用紙、画用紙、カラー工作用紙、毛糸

型紙 P89・90 基本の星

作り方

3～2歳児

袋をしょった紙コップサンタさん

服と帽子を着色したサンタさん。
袋を少し浮かせるのがポイントです。

案・製作●町田里美

材料 紙コップ、色画用紙、画用紙、フェルト、毛糸、折り紙

型紙 P90

作り方

「メリークリスマス」

クリスマス

リース

抜き型スタンプの輪っかリース　5~4歳児

持ちやすい抜き型で、ポンポンスタンプ！
花が咲いたようににぎやかです。

案・製作●宮地明子

材料
色画用紙、
カラー工作用紙、リボン

型紙 P90

切り紙で結晶リース　5~4歳児

雪の結晶を集めたリースです。
キラキラした折り紙で特別感アップ！

案・製作●宮地明子

材料
折り紙、色画用紙、紙コップ、
キラキラした折り紙、リボン

型紙 P89

レースペーパー重ね貼りリース　4~3歳児

重ねたレースペーパーに
小粒のボタンやスパンコールを
散らして、メルヘンに。

案・製作●山下味希恵

材料
色画用紙、レースペーパー、
ボタン、スパンコール、
毛糸、画用紙、軽量紙粘土、
ゼムクリップ

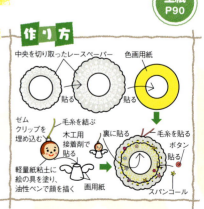

型紙 P90

毛糸ふりかけ＆綿のリース

木工用接着剤を塗った画用紙に、切った毛糸をふりかけて。綿とのコラボでふわもこに！

案・製作●うえはらかずよ

材料 カラー工作用紙、画用紙、毛糸、綿、リボン、鈴

型紙 P91

スズランテープと葉っぱモチーフのリース

2枚貼り合わせた紙皿にスズランテープを巻いて。ぷっくりとした形がかわいい！

案・製作●うえはらかずよ

材料 紙皿、スズランテープ、包装紙、折り紙、色画用紙、画用紙、リボン、麻ひも

型紙 P91

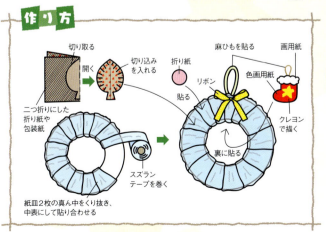

クリスマス

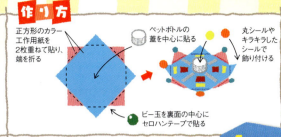

カラフルぐるぐるごま

工作用紙を重ね合わせたら、きれいに飾り付けます。

案・製作●尾田芳子

材料 カラー工作用紙、ペットボトルの蓋、ビー玉、丸シール、キラキラしたシール

4歳児

大迫力 どんぶりごま　**5歳児**

大きなどんぶりを使って、迫力満点です。

案・製作●とりごえこうじ

材料 どんぶり容器、工作用紙、割り箸、輪ゴム、ビニールテープ

牛乳パックの変わりごま　**4歳児**

回れ〜！

牛乳パックだけで手軽に作れる、うれしいプランです。

案・製作●尾田芳子

材料 牛乳パック、ビニールテープ

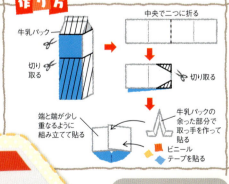

お正月

たこ

ドラゴンカイト　5歳児

竜がモチーフ！　傘袋を使った超軽量たこで、風にふんわりと浮きます。

案・製作●山本省三

型紙 P91

材料　カラーポリ袋、シール折り紙、色画用紙、傘袋、スズランテープ、たこ糸

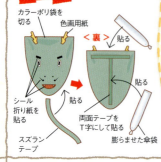

作り方

ビニールバッグでアニマルだこ　4歳児

耳の形がしっかり出る、丈夫な素材で作りましょう。

案・製作●つかさみほ

材料　ビニール製の袋、たこ糸

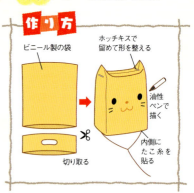

作り方

発泡トレーのたこ　3歳児

発泡トレーにクレヨンで模様を描きます。軽いので3歳児でも無理なくできます。

案・製作●竹井史郎

材料　発泡トレー、紙テープまたはスズランテープ、たこ糸

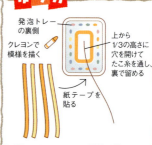

作り方

穴開きだこ　5歳児

画用紙の中心に穴を開けるだけ。自由に絵が描けて、自分だけのたこができます。

案・製作●竹井史郎

材料　画用紙、新聞紙、たこ糸

型紙 P91

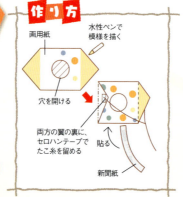

作り方

すごろく

ドキドキ★みんなの思い出すごろく

5〜3歳児

これまでの思い出を振り返りながら遊べる、オリジナルすごろくです。

案・製作●アトリエ自遊楽校 渡辺リカ

牛乳パックの面に自画像を貼ってこまにします。

遊び方 3〜4人のグループで遊びましょう。また、大きく作ればグループ対抗にしてクラス全員でも遊べます。

1. グループ内で順番を決めて、さいころを振ります。
2. 出た目の数の分、こまを進めます。
3. 行事の絵で止まったら、そのときの思い出を、「プールで初めて潜れた」や、「運動会で1位になった」などと話します。

材料
- すごろく盤／色画用紙、画用紙
- こま／牛乳パック、紙、画用紙
- さいころ／ティッシュペーパーの空き箱、色画用紙

型紙 P91

お正月

エイッ

作り方

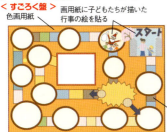

＜すごろく盤＞
色画用紙
画用紙に子どもたちが描いた行事の絵を貼る

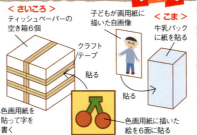

＜さいころ＞
ティッシュペーパーの空き箱6個
クラフトテープ
貼る
色画用紙を貼って字を書く
色画用紙に描いた絵を6面に貼る

＜こま＞
子どもが画用紙に描いた自画像
牛乳パックに紙を貼る
貼る

3〜4歳児は、さいころの目を言葉の音数で表しましょう。絵は保育者が描きます。

\素材いろいろ アイデア いっぱい/

節分 おにのお面大公開
SETSUBUN

節分に欠かせないおにのお面のプランを集めました。
自分で作ったお面をかぶって、豆まきを楽しみましょう!

撮影●小山志麻、林 均　作り方イラスト●おおしだいちこ

5歳児

なが～い顔おに

片段ボールで作った
長い顔が迫力満点!

案・製作●メイプル

材料
片段ボール、色画用紙、
画用紙、毛糸、輪ゴム

型紙・作り方 P92

とっても なが～い おにさんだよ

ビリビリ コラージュお面

雑誌のページをちぎってぺたぺた。
カラフルにコラージュ。

案・製作●アトリエ自遊楽校 渡辺リカ

材料
B4サイズの封筒、
雑誌などのカラーページ、
色画用紙、画用紙

型紙・作り方 P92

強いぞー！

大きな口の立体おに

ティッシュボックスの大きな口が
大迫力でかっこいい！

案・製作●山下味希恵

材料 紙袋、色画用紙、画用紙、ティッシュボックス、新聞紙、ビニールテープ

作り方

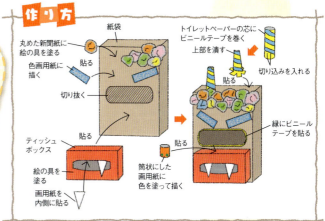

もしゃもしゃ髪のお面

かぶると、カラーセロハンで景色の色が変わって
見えるのも楽しい！

案・製作●町田里美

材料 クラフト紙、色画用紙、お花紙、毛糸、カラーセロハン

型紙 P92

作り方

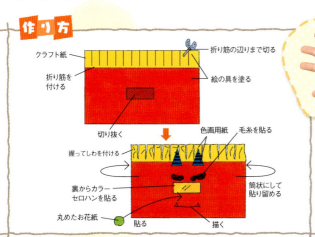

ガォー！

節分

4歳児

立体1本角の
カラフルおにバンド

丸めたお花紙と、
紙粘土の1本角がポイントです。

案・製作 ●イシグロフミカ

材料 カラー工作用紙、色画用紙、画用紙、
お花紙、軽量紙粘土、輪ゴム

型紙 P92

おにだよ～

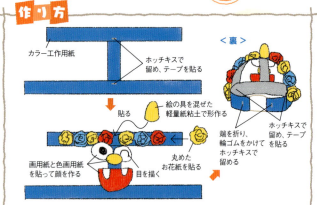

もじゃもじゃひげの
ジャンボお面

スズランテープを貼ってひげに。
スポンジの髪の毛も楽しい！

案・製作 ●町田里美

材料 カラー工作用紙、色画用紙、スポンジシート、
スズランテープ、ビニールテープ、輪ゴム

型紙 P92

がお～

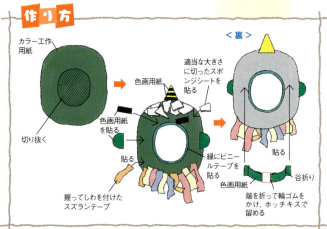

くるんくるんおに

髪の毛も眉毛もひげも
ぜーんぶ、くるんとさせました！

案・製作●アトリエ自遊楽校 渡辺リカ

材料
色画用紙、紙テープ

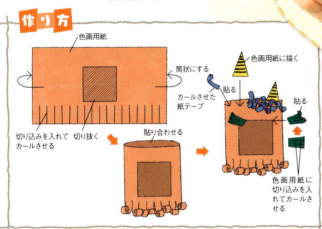

太眉のバンダナおに

バンダナだからサイズ調整も簡単。
毛糸やフェルトで装飾を。

案・製作●メイプル

材料
バンダナ、フェルト、毛糸、モール

型紙 P93

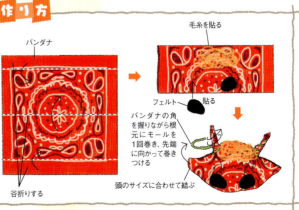

節分

3歳児

お花紙の シースルーお面

チャック付きの袋にお花紙を詰めたお面。
透明感がおしゃれです。

案・製作●山下味希恵

材料 チャック付きポリ袋、エアーパッキング、お花紙、段ボール板、色画用紙、画用紙、カラー工作用紙、輪ゴム

型紙 P93

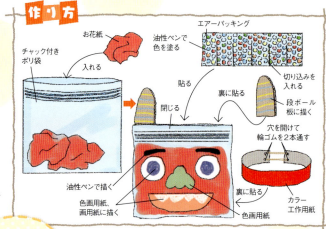

ふわふわ角の おにバンド

角からふわふわのお花紙が飛び出した、元気なお面です。

案・製作●町田里美

材料 色画用紙、トイレットペーパーの芯、お花紙、毛糸、リボン、たんぽ

表情チェンジお面

眉毛をくるっと回すと、
表情が変わってとっても愉快！

案・製作●アトリエ自遊楽校 渡辺リカ

材料 カラー工作用紙、色画用紙、画用紙、割りピン、輪ゴム

型紙 P93

くるっと チェンジ

作り方

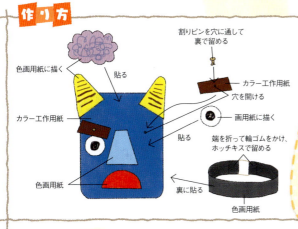

シャカシャカおに

動くたびに音が鳴って、とっても楽しい！

案・製作●山下味希恵

材料 プラスチックコップ、色画用紙、画用紙、カラー工作用紙、柄入りの折り紙、ペットボトルの蓋、ビニールテープ、プラスチックリング、リボン

型紙 P93

作り方

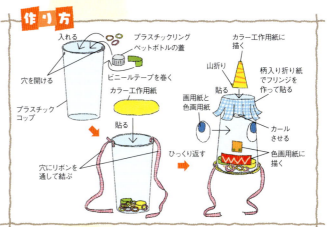

がおー

節分

2~1歳児

おにのふんわりバンド

傘袋にお花紙を詰めてバンドを作ったら、おにの顔をぺたっ！

案・製作● 町田里美

材料
傘袋、お花紙、色画用紙、折り紙、丸シール

型紙 P93

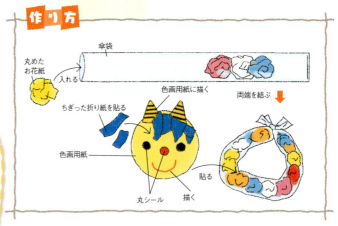
作り方

まん丸 紙風船おに

紙風船の形状を生かして、帽子に変身！
膨らませて、まん丸おににしても。

案・製作● アトリエ自遊楽校 渡辺リカ

材料
紙風船、丸シール、色画用紙、毛糸、新聞紙（土台用）

型紙 P93

作り方

膨らませても楽しい！

ちょこんとミニお面

逆さにしたヨーグルトの空き容器を、
おにの顔に見立てます。

案・製作●イシグロフミカ

材料
ヨーグルトの空き容器、カラー工作用紙、丸シール、色画用紙、シール、キラキラした折り紙、リボン

型紙 P93

作り方

カラフルおに帽子

角の周りをお花紙でカラフルに彩って、かわいいおに帽子のできあがり！

案・製作●メイプル

材料
カラー帽子、色画用紙、お花紙

作り方

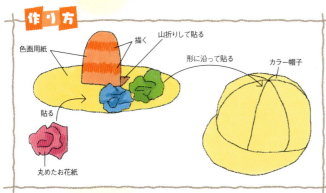

節分

\作って楽しい♪　飾ってうれしい♪/
おひなさま大集合

ひなまつり HINAMATSURI

楽しく作れて、きれいに飾れる、おひなさまのアイデアです。
おひなさまを作って、華やかに桃の節句をお祝いしましょう。

撮影●林 均　作り方イラスト●おおしだいちこ

5歳児

千代紙紙風船の ほっこりおひなさま

伝承折り紙の紙風船を、着物に見立てて作ります。
千代紙で作ると、趣が出てすてきです。

案・製作●藤沢しのぶ

材料　千代紙、色画用紙、紙皿

型紙 P94　選べる装身具パターン

染め紙＆プリンカップの おひなさま

染め紙でプリンなどの空き容器を包んで作ります。
丸みのあるフォルムと染め紙が、上品な印象に。

案・製作●あかまあきこ

材料　障子紙、プリンなどの空き容器、色画用紙、画用紙、キラキラしたテープ、ティッシュペーパーの空き箱

型紙 P94　選べる装身具パターン

作り方

千代紙紙風船のほっこりおひなさま

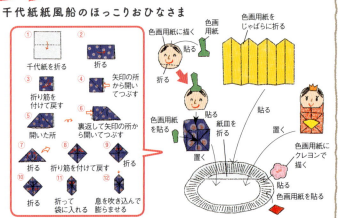

染め紙＆プリンカップのおひなさま

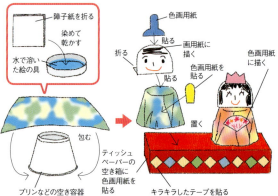

バッグに変身！収納おひなさま

台座がバッグに早変わり！
おひなさまやびょうぶを収納して、持ち運べます。

案・製作●藤沢しのぶ

材料
トイレットペーパーの芯、
千代紙、折り紙、色画用紙、
ストロー、ティッシュペーパーの
空き箱、リボン、丸シール

台座の片側を開けて、
おひなさまやびょうぶ
をコンパクトに収納で
きます。

型紙 P94
選べる装身具パターン

ひらひらフリンジの壁掛けおひなさま

紙テープやキラキラしたテープが華やかなおひなさま。
壁に掛けて飾ります。

案・製作●宮地明子

材料
紙テープ、キラキラしたテープ、
トイレットペーパーの芯、千代紙、
キラキラした折り紙、
紙皿、色画用紙、リボン

型紙 P94
選べる装身具パターン

バッグに変身！ 収納おひなさま

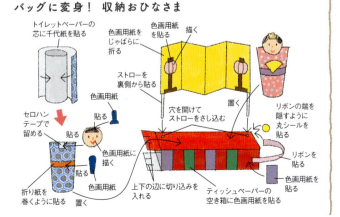

ひらひらフリンジの壁掛けおひなさま

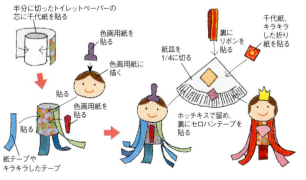

ひなまつり

4歳児

封筒のくるりん おひなさま

封筒に切り込みを入れ、くるりと巻いて。
少し張りのある紙の封筒を使うと安定します。

案・製作●あかまあきこ

材料
カラー封筒、画用紙、千代紙、
色画用紙

起き上がりこぼしの おひなさま

カプセル容器におもしを入れて、
お花紙で包みます。コロンとした形がキュート！

案・製作●いわいざこまゆ

材料
カプセル容器、油粘土（おもし用）、お花紙、
モール、色画用紙、クレープ紙、ひも、紙皿

起き上がりこぼし
のように、揺らし
て遊べます。

作り方

封筒のくるりんおひなさま

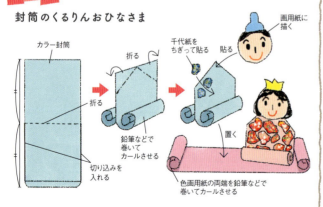

起き上がりこぼしのおひなさま

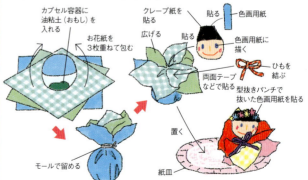

ちょうちん着物の バランスおひなさま

ちょうちんのように膨らんだ着物が印象的。
つるして飾るモビール形のおひなさまです。

案・製作●藤沢しのぶ

材料
トイレットペーパーの芯、千代紙、色画用紙、折り紙、紙テープ、広告紙、たこ糸

型紙 P94
選べる装身具パターン

軽量紙粘土の 型抜きおひなさま

軽量紙粘土をクッキー型などで抜き、
3個重ねて、着物と帯に見立てています。

案・製作●やのちひろ

材料
軽量紙粘土、色画用紙、カラー工作用紙、つまようじ

型紙 P94
選べる装身具パターン

ちょうちん着物のバランスおひなさま

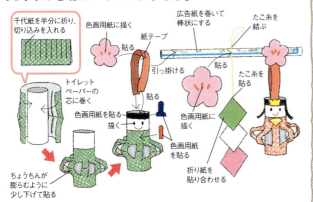

軽量紙粘土の型抜きおひなさま

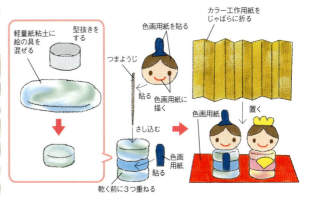

ひなまつり

3歳児

軽量紙粘土の ころころおひなさま

丸めた紙粘土にちぎった千代紙などを貼って。
おだんごのようなフォルムがかわいい！

案・製作●いわいざこまゆ

材料
軽量紙粘土、千代紙、色画用紙、金色の紙、
折り紙、丸シール、紙皿

型紙 P94・95
選べる装身具パターン

コーヒーフィルターの にじみ絵おひなさま

にじみ絵の着物がおしゃれなおひなさま。
平たく畳めるので持ち帰りにも便利です。

案・製作●藤沢しのぶ

材料
コーヒーフィルター、画用紙、色画用紙、
キラキラした折り紙

型紙 P94
選べる装身具パターン

作り方

軽量紙粘土のころころおひなさま

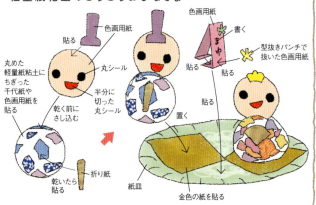

コーヒーフィルターのにじみ絵おひなさま

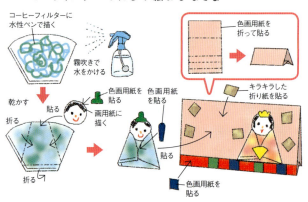

紙コップ＆お花紙の
ふわふわおひなさま

お花紙を3枚重ねて紙コップで挟みます。
繊細で華やかなおひなさまに。

案・製作●あかまあきこ

材料
紙コップ、お花紙、
色画用紙、丸シール

型紙 P94
選べる装身具パターン

紙皿のスイング
おひなさま

紙皿1枚で作れるおひなさまです。
着物の模様は水性ペンで自由に描いて。

案・製作●藤沢しのぶ

材料
紙皿、色画用紙、お花紙、
キラキラした折り紙

型紙 P94
選べる装身具パターン

シーソーのように、ゆらゆら揺らして遊べます。

紙コップ＆お花紙のふわふわおひなさま

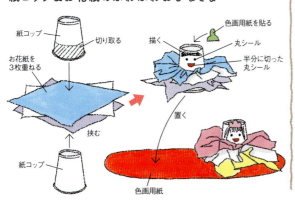

紙皿のスイングおひなさま

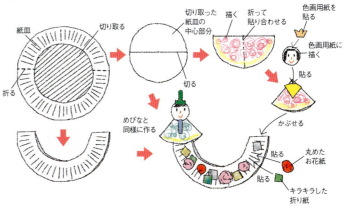

ひなまつり

2歳児

指スタンプの ゆらゆらおひなさま

指スタンプを押した画用紙を円すい状に丸めて着物に。モビール形のおひなさまです。

案・製作●宮地明子

材料
画用紙、色画用紙、段ボール板、紙ひも、リボン、カラー工作用紙

型紙 P94・95
選べる装身具パターン

手形&指スタンプの おひなさま

手形を着物に見立てたかわいいおひなさま。指スタンプの模様もすてきです。

案・製作●やのちひろ

材料
画用紙、色画用紙、折り紙、カラー工作用紙、段ボール板

型紙 P94・95
選べる装身具パターン

作り方

指スタンプのゆらゆらおひなさま

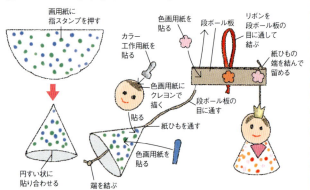

手形&指スタンプのおひなさま

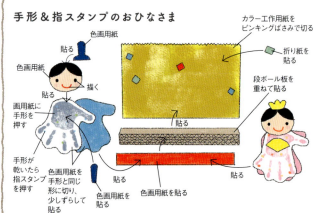

シールぺたぺた
おひなさま

紙コップに丸シールやマスキングテープなどを貼ります。扇形の台座もおしゃれ。

案・製作●宮地明子

材料
紙コップ、丸シール、マスキングテープ、ビニールテープ、色画用紙、カラー工作用紙、お花紙

型紙 P94・95 選べる装身具パターン

クレヨン描きの
ハートの壁掛けおひなさま

クレヨンで自由に描いた色画用紙を、しずく形に貼って作ります。ハート形のフレームがかわいい！

案・製作●藤沢しのぶ

材料
色画用紙、画用紙、リボン

型紙 P94・95 選べる装身具パターン

シールぺたぺたおひなさま

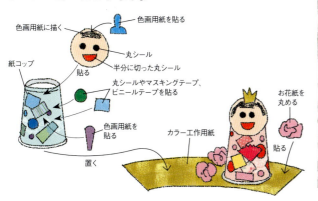

クレヨン描きのハートの壁掛けおひなさま

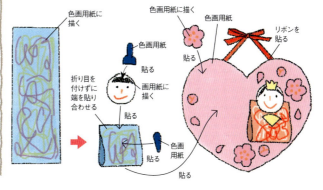

ひなまつり

コピー用型紙

 が付いている作品の型紙コーナーです。必要な大きさにコピーしてご利用ください。

P16 紙コップのぶたさん貯金箱

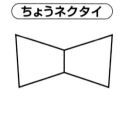
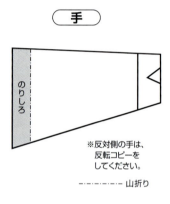

※反対側の手は、反転コピーをしてください。
―・―・― 山折り

P16 紙コップのお花畑小物入れ

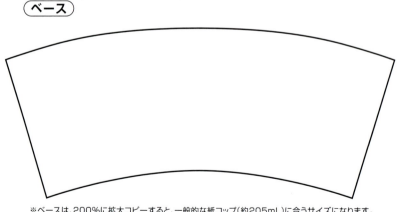

※ベースは、200%に拡大コピーすると、一般的な紙コップ（約205mL）に合うサイズになります。

このページは、ノドもとギリギリまで開くときれいにコピーすることができます

P18 似顔絵レターラック

(切り紙の花)

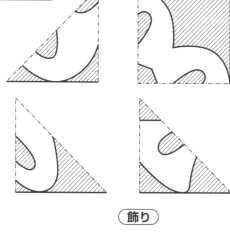

(飾り)

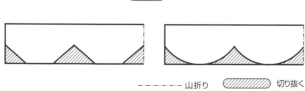

―・―・― 山折り　▨▨ 切り抜く

P19 メッセージ付きハンガー

(体とネクタイ)

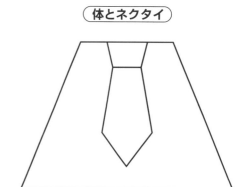

※体とネクタイは、400%に拡大コピーをしてください。

P19 似顔絵ひし形フレーム

(花)

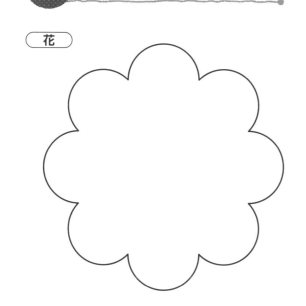

P19 ドライブお父さんフレーム

(車)　(タイヤ)

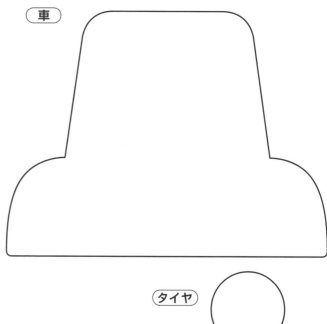

※左右のタイヤは共通です。

P21 ペーパー芯のきらめき腕時計

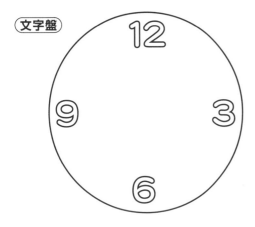

P21 ペーパー芯のアクセサリー風腕時計

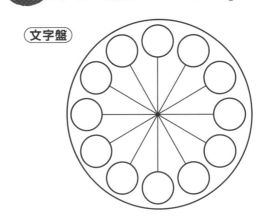

P22 紙コップ＆ストローのカラフル腕時計

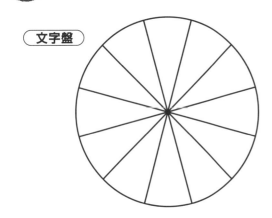

P22 クリアファイルのカードチェンジウォッチ

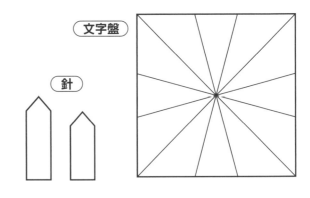

P23 コースターのフラワー腕時計

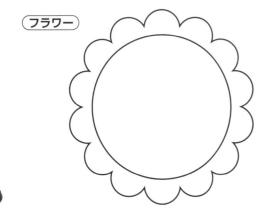

P23 ビーズのにぎやか腕時計

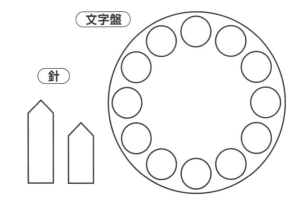

P24 折り紙羽衣の織姫＆彦星

星

P27 障子紙の おしゃれにじみ飾り

丸 　台紙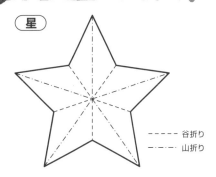

P28 虹色キラキラスター

星

P28 4連リングのお星様

星

‐‐‐‐ 谷折り
‐·‐·‐ 山折り

P28 切り込み流れ星飾り

星

P29 びゅんびゅんロケット

台紙

‐‐‐‐ 谷折り
‐·‐·‐ 山折り

P30 ステンシルの カラフルうちわ

模様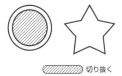

切り抜く

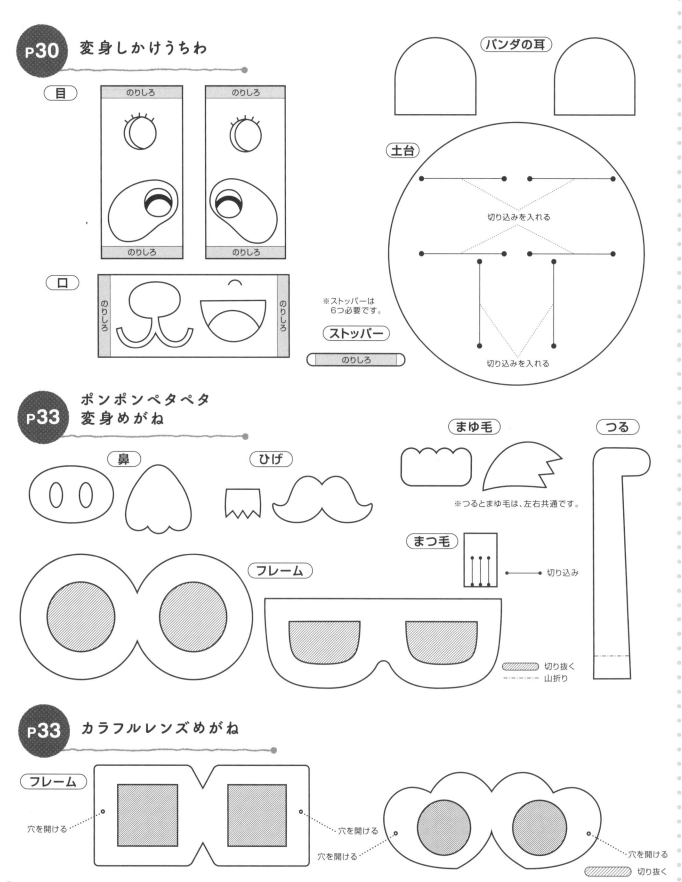

このメッセージが見えるまで開くときれいにコピーすることができます。

P34 ハートのだいすきフレーム

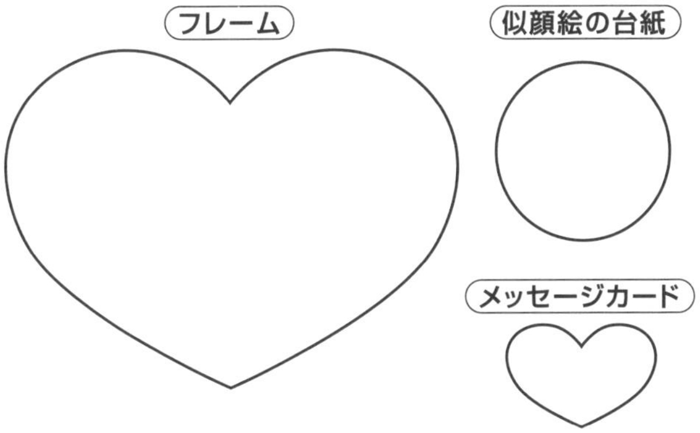

フレーム
似顔絵の台紙
メッセージカード

P34 もこもこスクエアフレーム

フレーム

▨ 切り抜く

P35 手形の小鳥フォトフレーム

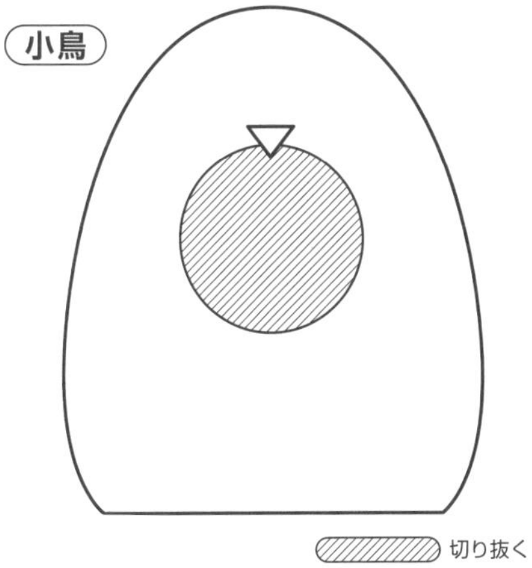

小鳥

▨ 切り抜く

P37 キラキラしおり

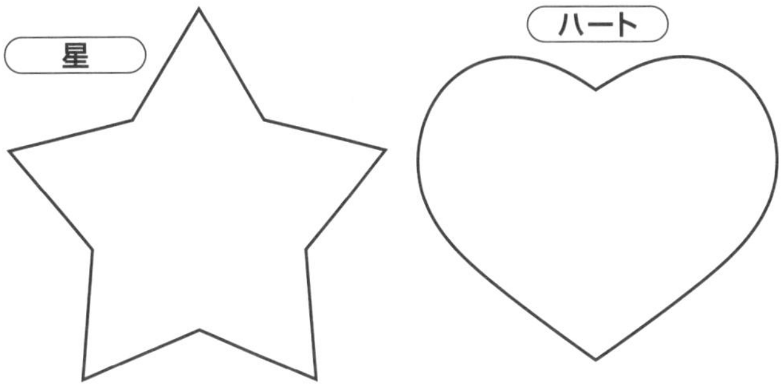

星
ハート

P41 お菓子の入退場門

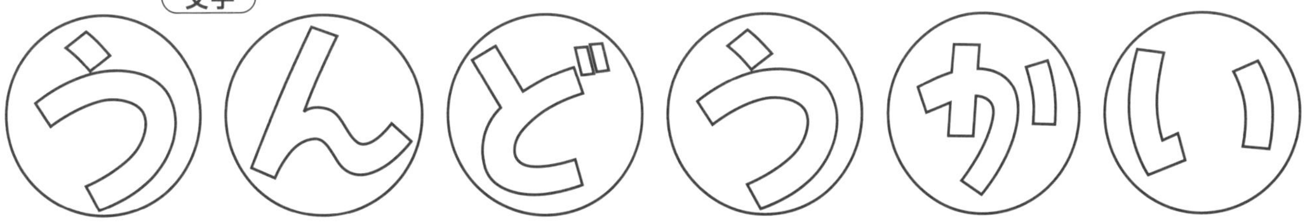

文字

うんどうかい

下の飾り

のりしろ　　のりしろ

※下の飾りは、段ボール箱やペットボトルの大きさに合わせて、拡大コピーをしたり、長さを調節したりしてください。

85

P38 自画像いっぱい入退場門

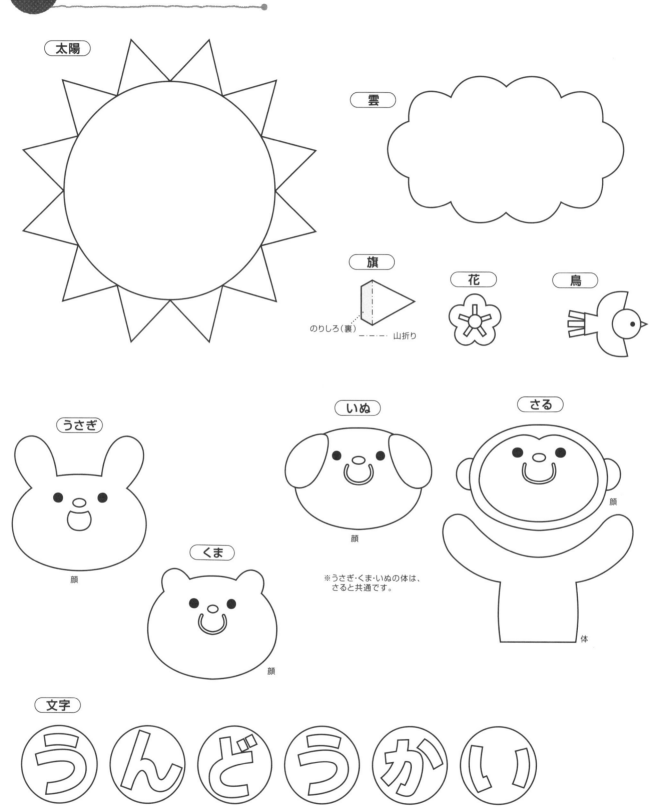

このメッセージが見えるまで開くときれいにコピーすることができます。

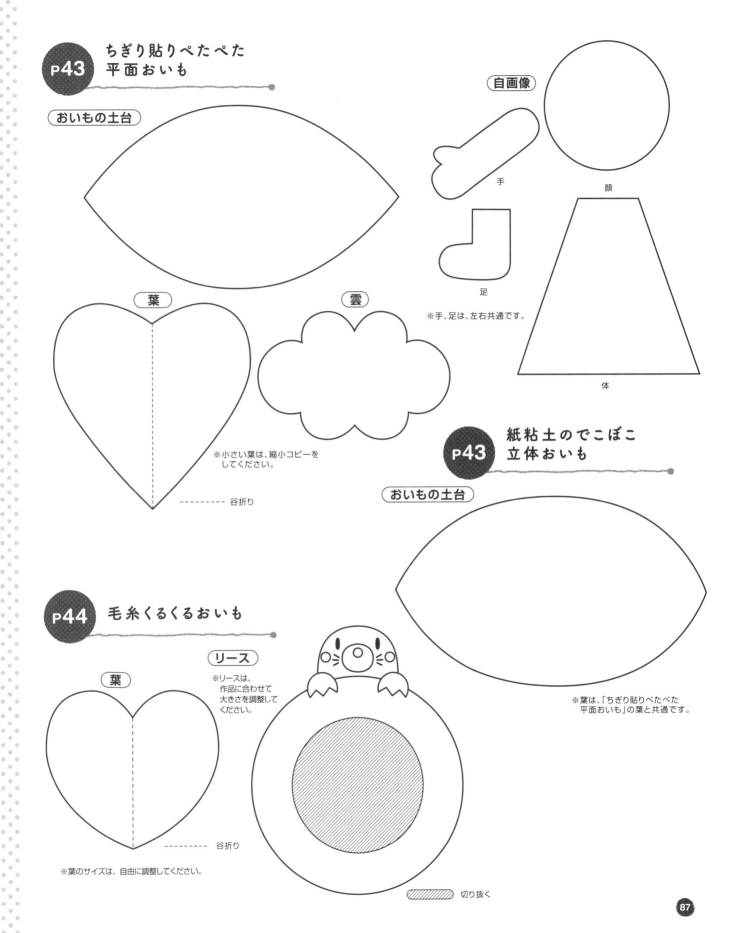

P44 くるんで包んで変身！おいも

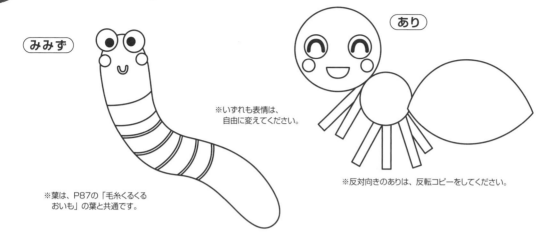

（みみず）
（あり）

※いずれも表情は、自由に変えてください。

※葉は、P87の「毛糸くるくるおいも」の葉と共通です。

※反対向きのありは、反転コピーをしてください。

P46 ぼく・わたしが大人になったら

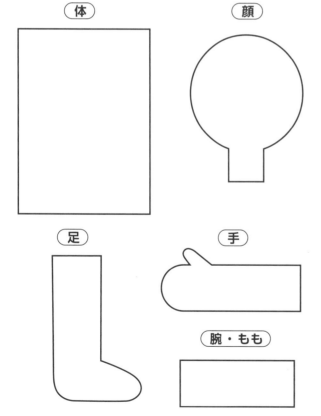

（体）（顔）（足）（手）（腕・もも）

※手、足は、反転コピーをしてください。
※腕・ももは、左右共通です。

P50 墨絵のぷっくり自画像

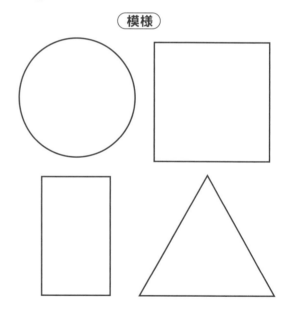

（模様）

このメッセージが見えるまで開くときれいにコピーすることができます。

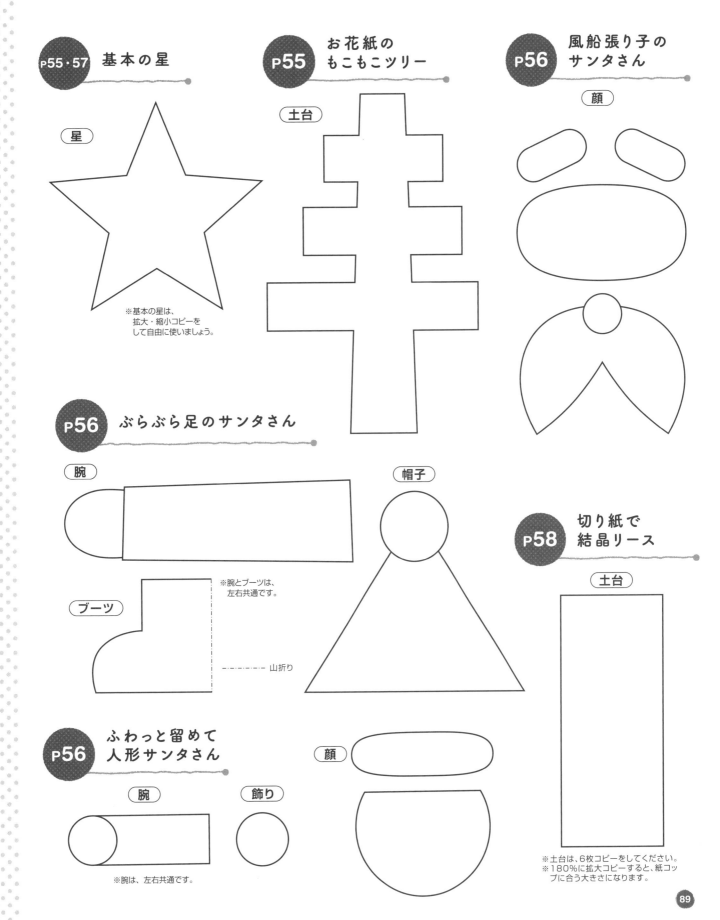

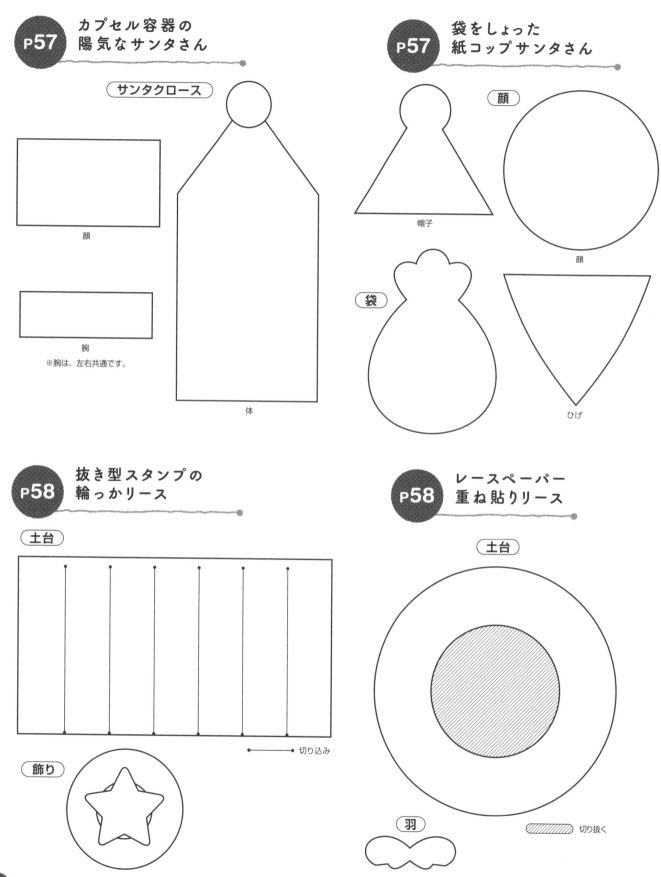

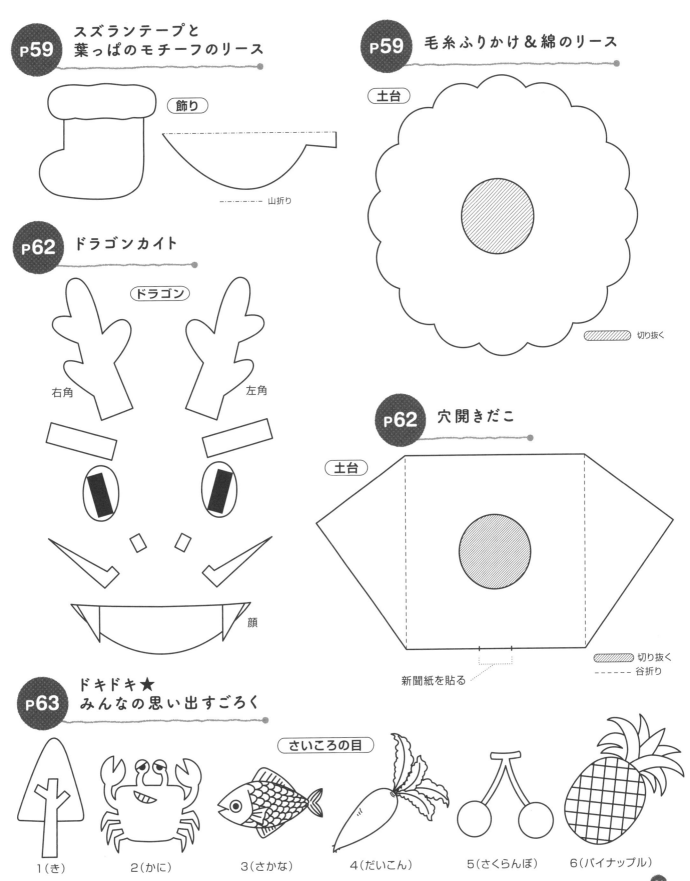

P64 なが～い顔おに

P64 ビリビリコラージュお面

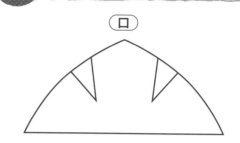

作り方
※2本角のおにの角は、全て左右共通です。

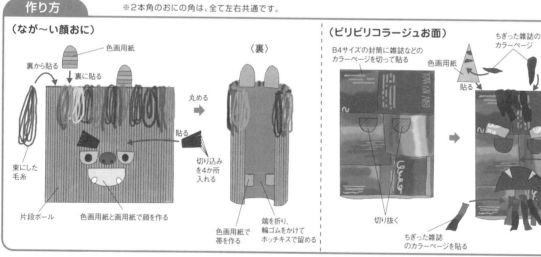

作り方イラスト●おおしだいちこ

P65 もしゃもしゃ髪のお面

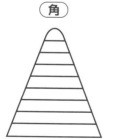

P66 立体1本角のカラフルおにバンド

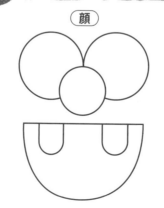

P66 もじゃもじゃひげのジャンボお面

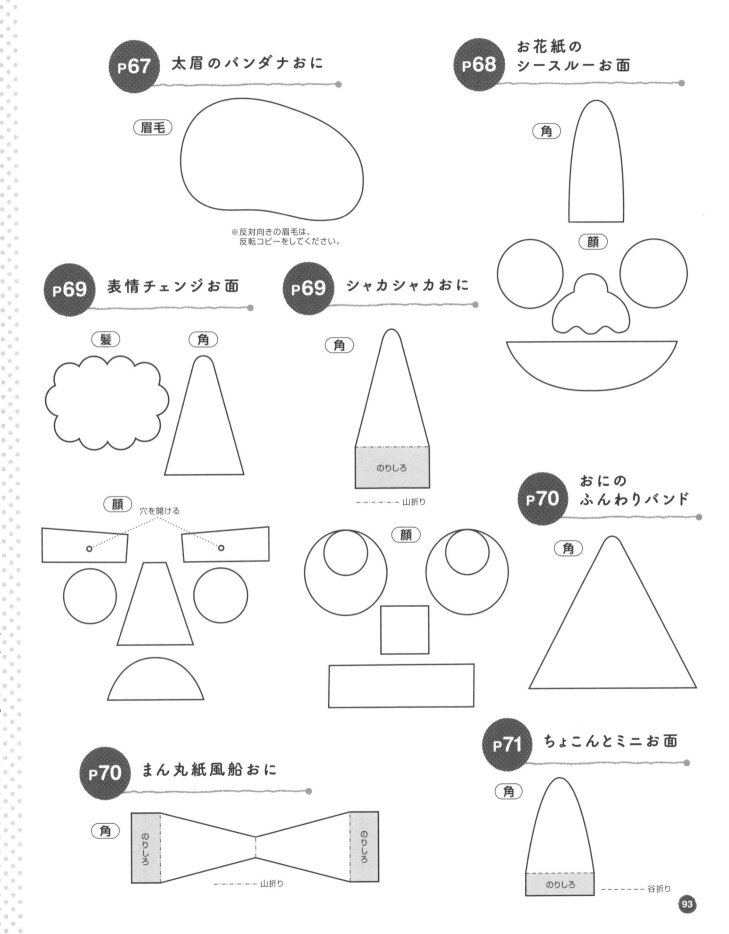

選べる装身具パターン

※えぼし・しゃく・冠・扇は下のパターンから選んで作れます。
作品の大きさに合わせて、拡大・縮小コピーをしてください。
掲載作品とは異なる場合があります。

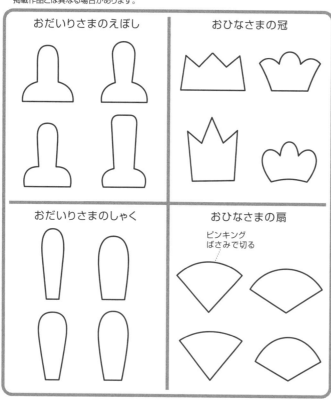

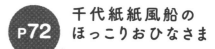

P72 千代紙紙風船の ほっこりおひなさま

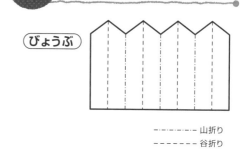

P72 染め紙＆プリンカップ のおひなさま

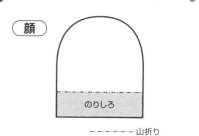

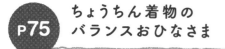

P75 ちょうちん着物の バランスおひなさま

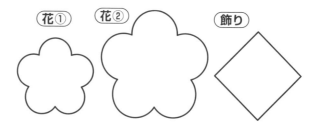

P75 軽量紙粘土の 型抜きおひなさま

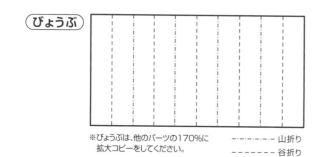

※おひなさまの顔と おだいりさまの顔は、 共通です。

このページは、110％まで開くときれいにコピーすることができます。

P76 軽量紙粘土の ころころおひなさま

ネームプレート

のりしろ / のりしろ / ------- 谷折り

P78 指スタンプの ゆらゆらおひなさま

着物 / 花

※着物は、他のパーツの170%に拡大コピーをしてください。

P78 手形＆指スタンプの おひなさま

びょうぶ

ピンキングばさみで切る

P79 シールぺたぺたおひなさま

台紙

P79 クレヨン描きの ハートの壁掛けおひなさま

台紙 / 花びら / つぼみ / 花 / 着物

※台紙は、他のパーツの250%に拡大コピーをしてください。

※着物は、他のパーツの170%に拡大コピーをしてください。

このメッセージが見えるまで開くときれいにコピーすることができます。

● 案、製作

あかまあきこ、アトリエ自遊楽校 渡辺リカ、イシグロフミカ、いわいざこまゆ、
うえはらかずよ、浦田利江、尾田芳子、くまがいゆか、くるみれな、
すぎはらけいたろう、すぎやままさこ、スマイルワークス・神岡 学、竹井史郎、
たけうちちひろ、俵 裕子、つかさみほ、とりごえこうじ、藤沢しのぶ、町田里美、
松田美佳、宮地明子、宮本えつよし、メイプル、やのちひろ、山口みつ子、
山下きみよ、山下味希恵、山本省三、ユカリンゴ、代々木公園アートスタジオ、
RanaTura.上田有規子

● 撮影

小山志麻、林 均、広瀬壮太郎（office北北西）、安田仁志

● 作り方イラスト

天田よう、おおしだいちこ、河合美穂、高山千草、速水えり、みつき、もり 結

表紙・本文デザイン	島村千代子
型紙トレース	奏クリエイト、プレーンワークス
キッズモデル協力	有限会社クレヨン
本文校正	有限会社くすのき舎
編集協力	東條美香
編集	田島美穂

チャイルド本社
ホームページアドレス
http://www.childbook.co.jp/

チャイルドブックや保育図書の
情報が盛りだくさん。
どうぞご利用ください。

作って楽しい！
園行事の製作アイデアBOOK

2019年2月　初版第1刷発行

編　者／ポット編集部
発行人／村野芳雄
編集人／西岡育子
発行所／株式会社チャイルド本社
　　　　〒112-8512　東京都文京区小石川5-24-21
電　話／03-3813-2141（営業）　03-3813-9445（編集）
振　替／00100-4-38410
印刷・製本／共同印刷株式会社

©Child Honsha Co.,LTD. 2019　Printed in Japan
ISBN978-4-8054-0282-5
NDC376　26×21cm　96P

本書を使用して製作したもの、および、型紙ページを含むページをコピーしたものを販売することは、著作権者および出版社の権利の侵害となりますので、固くお断りします。

乱丁・落丁本はお取り替えいたします。本書の内容の一部あるいは全部を無断で複写複製することは、法律で認められた場合を除き、著作権者及び出版社の権利の侵害となりますので、その場合は予め小社宛て許諾を求めてください。